佛祖心要節錄

釋迦佛、菩薩、尊者及禪宗諸祖語錄

佛曰。吾非教汝放捨其花。
汝當放捨外六塵。內六根。中六識。
一時捨卻。無可捨處。是汝放身命處。
梵志於言下悟無生忍。

慧空經房——選編

印造佛經佛像之十大利益

＊＊＊＊＊＊＊＊＊＊＊＊＊＊＊＊＊＊＊＊＊＊＊＊＊

一、從前所作種種罪過，輕者立即消滅，重者亦得轉輕。

二、常得吉神擁護，一切瘟疫、水火、寇盜、刀兵、牢獄之災、悉皆不受。

三、夙生怨對，咸蒙法益而得解脫，永免尋仇報復之苦。

四、夜叉、惡鬼不能侵犯，毒蛇、餓虎不能爲害。

五、心得安慰，日無險事，夜無惡夢，顏色光澤，氣力充盛，所作吉利。

六、至心奉法，雖無希求，自然衣食豐足，家庭和睦，福壽綿長。

七、所言所行，人天歡喜，任到何方，常爲多衆傾誠愛戴，恭敬禮拜。

八、愚者轉智，病者轉健，困者轉亨。爲婦女者，報謝之日，捷轉男身。

九、永離惡道，受生善道，相貌端正，天資超越，福祿殊盛。

十、能爲一切衆生種植善根，以衆生心作大福田，獲無量勝果。所生之處，常得見佛聞法。直至三慧宏開，六通親證，速得成佛。

※印造經像，既有如此殊勝功德，故凡值遇祝壽、賀喜、免災、祈求、懺悔、薦拔之時，皆宜歡喜施捨，努力行之！

（以上節錄《印光大師文鈔》卷四：印造經像之功德，一文。）

佛祖心要節錄目錄

卷上

釋迦牟尼佛 六則　文殊菩薩

須菩提尊者 二則　寶誌公 大乘讚十首十四科頌十四首

傅大士心王銘　清涼澄觀國師 答皇太子問心要書

初祖菩提達磨大師 安心法門　六祖壇經 節錄

永嘉玄覺禪師 證道歌　南陽慧忠國師 禪客問答二則

江西馬祖道一禪師 示衆

卷下

大珠慧海禪師 頓悟入道要門論　黃檗希運禪師 示衆

百丈山涅槃和尚說大義　臨濟義玄禪師示衆
夾山無碍禪師降魔表　巖頭全奯禪師示衆
温州瑞鹿寺本先禪師示衆　叅話頭譬諭二則
憨山大師禪宗法要

同治五年桂月重刊　板藏

佛祖心要節錄卷上

釋迦牟尼佛　六則

世尊一日陞座。大衆集定。文殊白椎曰。諦觀法王法。法王法如是。世尊便下座。

○世尊示隨色摩尼珠。問五方天王。此珠作何色。時五方天王互說異色。世尊藏珠復擡手曰。此珠作何色。天王曰。佛手中無珠。何處有色。世尊曰。汝何迷倒之甚。吾將世珠示之。便強說有青黃赤白色。吾將眞珠示之。便總不知。時五方天王。悉自悟道。

○世尊因黑氏梵志。獻合歡梧桐花。佛召仙人。放下著。梵志放下左手一株花佛。又召仙人放下著。梵志又放下右手一株花佛。又召仙人放下著。梵志曰。吾今兩手俱空。更教放下箇甚麼。佛曰。吾非教汝放捨其花。汝當放捨外六塵內六根中六識。一時捨卻。無可捨處。是汝放身命處。梵志於言下悟無生忍

○世尊因七賢女遊尸陀林。一女指尸曰。尸在這裏。人在甚處去。一女曰。作麼作麼。諸姊諦觀。各各契悟

○世尊在靈山會上。拈花示衆。是時衆皆默然。唯迦葉尊者破顏微笑。世尊曰。吾有正法眼藏。涅槃妙心。實相無相。微妙法門。不立文字。教外別傳。付囑摩訶迦葉。

○世尊於涅槃會上。以手摩胸告衆曰。汝等善觀吾紫磨金色之身。瞻仰取足。勿令後悔。若謂吾滅度。非吾弟子。若謂吾不滅度。亦非吾弟子。時百萬億衆。悉得契悟。

文殊菩薩

文殊菩薩。一日令善財採藥。曰。是藥者採將來。善財徧觀大地無不是藥。卻來白曰。無有不是藥者。殊曰。是藥者採將來。善財。遂於地上拈一莖草。度與文殊。殊接得示衆曰。此藥能殺人。亦能活人。

須菩提尊者　二則

須菩提尊者。在巖中宴坐。諸天雨花讚歎。者曰。空中雨花讚歎復是何人。云何讚歎。天曰。我是梵天。敬重尊者。善說般若。者曰。我於般若未嘗說一字。云何讚歎。天曰。如是。尊者無說。我乃無聞。無說無聞。是眞說般若。

○尊者一日說法次。帝釋雨花。者乃問。此花從天得耶。從地得耶。從人得耶。釋曰。弗也。者曰。從何得耶。釋乃舉手。者曰。如是如是。

寶志公　大乘讚十首十四科頌十四首

大道常在目前。雖在目前難覩。若欲悟道眞體。莫除聲色言語。言語卽是大道。不假斷除煩惱。煩惱本來空寂。妄情遞相纏遶。一切如影如響。不知何惡何好。有心取相爲實。定知見性不了若欲作業求佛佛是生死大兆生死業常隨身黑闇獄中未曉悟理本來無異覺後誰晚誰早法界量同太虛衆生智心自小但能不啟吾我涅槃法食常飽

○妄身臨鏡照影影與妄身不殊但欲去影留形不知身本同虛身本與影不異不得一有一無若欲存一捨一永與直理相疎更若愛聖憎凡生死海裏沉浮煩惱因心故有無心煩惱何居不勞分別取相自然得道須臾夢時夢中造作覺時覺境都無翻思覺時與夢顛倒二見不殊改迷取覺求利何異販賣商徒動靜兩忘常寂自然契合眞如若言衆生異佛迢迢與佛常疎佛與衆生不二自然究竟無餘

○法性本來常寂。蕩蕩無有邊畔。安心取捨之間。被他二境迴換。斂容入定坐禪。攝境安心覺觀。機關木人修道。何時得達彼岸。諸法本空無著。境似浮雲會散。忽悟本性元空。恰似熱病得汗。無智人前莫說。打你色身星散。

○報你衆生直道。非有卽是非無。非無非有非無。不二何須對有論虛。有無妄心立號。一破一個不居。兩名由爾情作。無情卽是眞如。若欲存情覓佛。將網山上羅魚。徒費工夫無益。幾許枉用工夫。不解卽心卽佛。眞似騎驢覓驢。一切不憎不愛。這個煩惱須除。除之則須除身。除身無佛無因。無佛無因可得。自然無法無人。

○大道不由行得。說行權爲凡愚。得理返觀於行。始知枉用工夫。未悟圓通大理。要須言行相扶。不得執他知解。迴光返本全無。有誰解會此說。教君向已推求。自見昔時罪過。除卻五欲瘡疣。解脫逍遙自在。隨方賤賣風流。誰是發心買者。亦得似我無憂。

○內見外見總惡。佛道魔道俱錯。被此二大波旬。便見厭苦求樂。生死悟本體空。佛魔何處安著。只由妄情分別。前身後身孤薄。輪迴六道不停。結業不能除卻。所以流浪生死。皆由橫生經略。身本虛無不實。返本是誰斟酌。有無我自能爲。不勞妄心卜度。衆生身同太虛。煩惱何處安著。但無一切希求。煩惱自然銷落。

○可笑衆生蠢蠢。各執一般異見。但欲傍鏊求餅。不解返本觀麵。麵是正邪之本。由人造作百變。所須任意縱橫。不假偏躭愛戀。無著卽是解脫。有求又遭羅罥。慈心一切平等。眞如菩提自現。若懷彼我二心。對面不見佛面。

○世間幾許癡人。將道復欲求道。廣尋諸義紛紛。自救己身不了。專尋他文亂說。自稱至理妙好。徒勞一生虛過。永刦沉淪生老。濁愛纏心不捨。淸淨智心自惱。眞如法界叢林。反作荆棘荒草。但執黃葉爲金。不悟棄金求寶。所以失念狂走。强力裝持相好。口內誦經誦論。心裏尋常枯槁。一朝覺本心空。具

足眞如不少

○聲聞心心斷惑能斷斷之心是賊○賊賊遞相除遣○何時了本語默○口內誦經千卷○體上問經不識○不解佛法圓通○徒勞尋行數墨○頭陀阿練苦行○希望後身功德○希望卽是隔聖○大道何由可得○譬如夢裏渡河○船師渡過河北○忽覺牀上安眠○失卻渡船○軌則○船師及彼渡人○兩個本不相識○衆生迷倒羈絆○往來三界疲極○覺悟生死如夢○一切求心自息○

○悟解卽是菩提○了本無有階梯○堪歎凡夫傴僂○八十不能跛蹄○徒勞一生虛過○不覺日月遷移○向上看他師口○恰似失妳孩兒○道俗崢嶸聚集○終日聽他死語○不觀己身無常○心行貪

如狼虎堪嗟二乘狹劣。要須摧伏六府。不食酒肉五辛。邪眼看他飲咀。更有邪行猖狂。修氣不食鹽醋。若悟上乘至眞。不假分別男女。

菩提煩惱不二

○衆生不解修道。便欲斷除煩惱。煩惱本來空寂。將道更欲覓道。一念之心卽是。何須別處尋討。大道秖在目前。愚倒迷人不了。佛性天眞自然。亦無因緣修造。不識三毒虛假。妄執浮沉生老。昔時迷日爲晚。今日始覺非早。

持犯不二

○丈夫運用無礙。不爲戒律所制。持犯本自無生。愚人被他禁繫。智者造作皆空聲聞觸途爲滯。大士肉眼圓通。二乘天眼有翳。空中妄執有無。不達色心無礙。菩薩與俗同居。清淨曾無染世。愚人貪著涅槃。智者生死實際。法性空無言說。緣起畧無人會。百歲無智小兒。小兒有智百歲。

佛與衆生不二

○衆生與佛無殊。大智不異於愚。何須向外求寶。身田自有明珠。正道邪道不二了知凡聖同途。迷悟本無差別。涅槃生死一如。究竟攀緣空寂。惟求意想清虛。無有一法可得。翛然自入無餘。

事理不二

○心王自在翛然法性本無十纏一切無非佛事何須攝念坐禪妄想本來空寂不用斷除攀緣智者無心可得自然無諍無喧不識無爲大道何時得證幽玄佛與衆生一種衆生即是世尊凡夫妄生分別無中執有迷奔了達貪嗔空寂何處不是眞門

靜亂不二

○聲聞厭喧求靜猶如棄麵求餅餅即從來是麵造作隨人百變煩惱即是菩提無心即是無境生死即是涅槃貪嗔如焰如影智者無心求佛愚人執邪執正徒勞空過一生不見如來妙頂了達婬慾性空鑊湯鑪炭自冷

善惡不二

○我自身心快樂。翛然無善無惡。法身自在無方。觸目無非正覺。六塵本來空寂。凡夫妄生執著。涅槃生死本平。四海阿誰厚薄無爲大道自然。不用將心畫度。菩薩散誕靈通。所作常含妙覺。聲聞執法坐禪。如蠶吐絲自縛。法性本來圓明。病愈何須執藥。了知諸法平等。翛然淸虛快樂。

色空不二

○法性本無靑黃。衆生謾造文章。吾我說他止觀。自意擾擾顚狂。不識圓通妙理。何時得會眞常。自疾不能治療。卻教他人藥方。外看將爲是善。心內猶若豺狼。愚人畏其地獄。智者不

七

異天堂對境心常不起。舉足皆是道場。佛與衆生不二。衆生自作分張。若欲除卻三毒。迢迢不離災殃。智者知心是佛。愚人樂往西方。

生死不二

○世間諸法如幻。生死猶若雷電法身自在圓通出入山河無間。顛倒妄想本空。般若無迷無亂。三毒本自解脫。何須攝念禪觀。只爲愚人不了。從他戒律決斷。不識寂滅眞如。何時得登彼岸。智者無惡可斷。運用隨心合散。法性本來空寂。不爲生死所絆。若欲斷除煩惱。此是無明癡漢。煩惱卽是菩提。何用別求禪觀。實際無佛無魔。心體無形無段。

斷除不二

○丈夫運用堂堂。逍遙自在無妨。一切不能爲害。堅固猶若金剛。不著二邊中道。翛然非斷非常。五欲貪嗔是佛。地獄不異天堂。愚人妄生分別。流浪生死猖狂。智者達色無礙。聲聞無不恓惶。法性本無瑕翳。衆生妄執青黃。如來引接迷愚。或說地獄天堂。彌勒身中自有。何須別處思量。棄卻眞如佛像。此人卽是顚狂。聲聞心中不了。惟只趁逐言章。言章本非眞道。轉加鬬爭剛强。心裏蚖蛇蝮蝎。螫著便卽遭傷。不解文中取義。何時得會眞常。死入無間地獄。神識枉受災殃。

眞俗不二

○法師說法極好。心中不離煩惱。口談文字化他。轉更增他生老。眞妄本來不二。凡夫棄妄覓道。四衆雲集聽講。高座論義浩浩。南坐北坐相爭。四衆爲言嫌疑爲好。雖然口談甘露。心裏尋常枯燥。自己元無一錢。日夜數他珍寶。恰似無智愚人。棄卻眞金擔草。心中三毒不捨。未審何時得道。

解縛不二

○律師持律自縛。自縛亦能縛他。外作威儀恬靜。心內恰似洪波。不駕生死船筏。如何渡得愛河。不解眞宗正理。邪見言辭繁多。有二比丘犯律。便卻往問優波。優波依律說罪。轉增比丘網羅。方丈室中居士。維摩便卽來訶。優波默然無對。淨名說法無過。而彼戒性如空。不在內外。娑婆勸除生滅。不肯忽悟還同釋迦。

境照不二

○禪師體離無明。煩惱從何處生。地獄天堂一相。涅槃生死空名。亦無貪嗔可斷。亦無佛道可成。衆生與佛平等。自然聖智惺惺。不爲六塵所染。句句獨契無生。正覺一念玄解。三世坦然皆平。非法非律自制。翛然眞入圓成。絕此四句百非。如空無作無依。

運用無礙

○我今滔滔自在。不羡公王卿宰。四時猶若金剛。苦樂心常不改。法寶踰於須彌。智慧廣於江海。不爲八風所牽。亦無精進懈怠。任性浮沉若顛。散誕縱橫自在。這（應是遮）莫刀劍臨頭。我日（應是亦）安然不采。

迷悟不二

○迷時以空爲色。悟即以色爲空。迷悟本無差別。色空究竟還同。愚人喚南作北。智者達無西東。欲覓如來妙理。常在一念之中。陽焰本非其水。渴鹿狂趁忩忩。自身虛假不實。將空更欲覓空。世人迷倒至甚。如犬吠雷叿叿。

傅大士心王銘

○觀心空王。玄妙難測。無形無相。有大神力。能滅千災。成就萬德體性雖空。能施法則。觀之無形。呼之有聲。爲大法將。心戒傳經。水中鹽味。色裏膠青。決定是有。不見其形。心王亦爾。身內居停。面門出入。應物隨情。自在無礙。所作皆成。了本識心。識心見佛。是佛是心。是心是佛。念念佛心。佛心念佛。欲得早成。戒心自律。淨律淨心。心卽是佛。除此心王。更無別佛。欲求成佛。莫染一物。心性雖空。貪嗔體實。入此法門。端坐成佛。到彼岸已。得波羅蜜。慕道眞士。自觀自心。知佛在內。不向外尋。卽心卽佛。卽佛卽心。心明識佛。曉了識心。離心非佛。離佛非心。非佛莫測。無所堪任。執空滯寂。於此漂沉。諸佛菩薩。非此安心。明心大士。悟此玄音。身心性妙。用無更改。是故智者。放心自在。莫言心王。空無體性。能使色身。作邪作正。非有非無。隱顯不定。心性離空。能凡能聖。是故相勸。好自防愼。刹那造作。還復漂沉。清淨心智。如世黃金。般若法藏。並在身心。無爲法寶。非淺非深。諸佛菩薩。了此本心。有緣遇者。非去來今。

清涼澄觀國師　答皇太子問心要書

○至道本乎一心。心法本乎無住。無住心體。靈知不昧。性相寂然。包含德用。該攝內外。能深能廣。非有非空。不生不滅。無終無始。求之而不得。棄之而不離。迷現量則惑苦紛然。悟眞性則空明廓徹。雖卽心卽佛。惟證者方知。然有證有知。則慧日沉沒於有地若無照無悟。則昏雲掩蔽於空門。若一念不生。

則前後際斷。照體獨立。物我皆如。直造心源。無智無得。不取不捨。無對無修。然迷悟更依眞妄相待。若求眞棄妄。猶棄影勞形。若體妄卽眞。猶處陰影滅。若無心忘照。則萬慮都捐。若任運寂知。則衆行爰起。放曠任其去住。靜鑒覺其源流。語默不失玄微。動靜未離法界。言止則雙忘知寂。論觀則雙照寂知。語證則不可示人。說理則非證不了。是以悟寂無寂。眞知無知。以知寂不二之一心。契空有雙融之中道。無住無著。莫攝莫收。是非兩忘。能所雙絕。斯絕亦寂。則般若現前。般若非心外新生。智性乃本來具足。然本寂不能自現。實由般若之功。般若之與智性。翻覆相成。本智之與始修。實無兩體。雙亡證入。則妙覺圓明。始末該融則因果交徹。心心作佛。無一心而非佛心。處處成道。無一塵而非佛國。故眞妄物我。舉一全收。心佛衆生。渾然齊致。是知迷則人隨於法。法法萬差。而人不同。悟則法隨於人。人人一智。而融萬境。言窮慮絕。何果何因。體本寂寥。孰同孰異。惟忘懷虛朗。消息沖融。其猶透水月華。虛而可見。無心鑒象。照而常空矣。

初祖菩提達磨大師　安心法門

迷時人逐法。解時法逐人。解時識攝色。迷時色攝識。但有心分別計較自心現量者。悉皆是夢。若識心寂滅無一動念處。是名正覺。問。云何自心現量。答。見一切法有。有不自有。自心計作有。見一切法無。無不自無。自心計作無。乃至一切法亦如是。並是自心計作有。自心計作無。又若人造一切罪。自見己之法王。即得解脫。若從事上得解者氣力壯。從事中見法者。即處處不失念。從文字解者。氣力弱。即事即法者。深從汝種種運爲跳跟顛蹶。悉不出法界。若以法界入法界。即是癡人。凡所有爲。皆不出法界心。何以故。心體是法界故。問世間人種種學問。云何不得道。答。由見己故。所以不得道。己者。我也。至人逢苦不憂。遇樂不喜。由不見己故。所以不知苦樂。由忘己故。得至虛無。己尚自亡。更有何物而不亡也。問。說法既空。阿誰修道。答。有阿誰須修道。若無阿誰。即不須修道。阿誰者。

十二

亦我也。若無我者。逢物不生是非。是者我自是。而物非是也。
非者。我自非而物非非也。卽心無心。是爲通達佛道。卽物不
起見。是名達道。逢物直達。知其本源。此人慧眼開。智者任物
不任己。卽無取捨違順。愚人任己不任物。卽有取捨違順。不
見一物名爲見道。不行一物名爲行道。卽一切處無處。卽作
處。無作處。無作法卽見佛。若見相時。卽一切處見鬼取相。故
墮地獄。觀法故得解脫。若見憶想分別。卽是鑊湯爐炭等事。
現見生死相。若見法界性。卽涅槃性。無憶想分別。卽是法界
性。心非色故非有。用而不廢故非無。又用而常空故非有。空
而常用故非無。

六祖壇經節錄

師陞座告大衆曰。總淨心念摩訶般若波羅蜜多。復云。善知識。菩提般若之智。世人本自有之。只緣心迷。不能自悟。須假大善知識。示導見性。當知愚人智人。佛性本無差別。只緣迷悟不同。所以有愚有智。吾今爲說摩訶般若波羅蜜法。使汝等各得智慧。志心諦聽。吾爲汝說。善知識。世人終日口念般若。不識自性般若。猶如說食不飽。口但說空。萬劫不得見性。終無有益。善知識。摩訶般若波羅蜜是梵語。此言大智慧到彼岸。此須心行。不在口念。口念心不行。如幻如化。如露如電。口念心行。則心口相應。本性是佛。離性無別佛。何名摩訶。摩訶是大心量廣大。猶如虛空。無有邊畔。亦無方圓大小。亦非青黃赤白。亦無上下長短。亦無嗔無喜無是無非。無善無惡無有頭尾。諸佛剎土。盡同虛空。世人妙性本空。無有一法可得。自性眞空亦復如是。善知識。莫聞吾說空。便卽著空。第一莫著空。若空心靜坐。卽著無記空。善知識。世界虛空。能含萬物色像。日月星宿。山河大地。泉源溪澗。草木叢林。惡人善人惡法善法。天堂地獄。一切大海。須彌諸山。總在空中。世人性空。亦復如是。善知識。自性能含萬法是大。萬法在諸人性中。若見一切人。惡之與善。盡皆不取不捨。亦不染著。心如虛空。名之爲大。故曰。摩訶。善知識。迷人口說。智者心行。又有迷人。空心靜坐。百無所思。自稱爲大。此一輩人。不可與語。爲邪見故。善知識。心量廣大。徧周法界。用卽了了分明。應用便知一切。一切卽一。一卽一切。去來自由。心體無滯。卽是般若。善知識。一切般若智。皆從自性而生。不從外入。莫錯用意。名爲眞性自用。一眞一切眞。心量大事。不行小道。口雖終日說空。心中不修此行。恰似凡人自稱國王。終不可得。非吾弟子。善知識。何名般若。般若者。唐言智慧也。一切處所。一切時中。念念不愚。常行智慧。卽是般若行。一念愚卽般若絕。一念智卽般若生。世人愚迷不見般若。口說般若。心中常愚。常自言我修般若。念念說空。不識眞空。般若無形相。智慧心卽是。若作如是解。即名般若智。何名波羅蜜。此是西竺語。唐言到彼岸。解義離生滅。著境生滅起。如水有波浪。即名爲此岸。離境無生滅。如水常通流。即名爲彼岸故號波羅蜜。善知識。迷人口念。當念之時。惟妄惟非。念念若行。是名眞性。悟此法者。是般若法。修此行者。是般若行不修即凡。一念修行。自身等佛。善知識。凡夫即佛。煩惱即菩提。前念迷即凡夫。後念悟即佛。前念著境即煩惱。後念離境即菩提。善知識。摩訶般若波羅蜜。最尊最上最第一。無住無往亦無來。三世諸佛從中出。當用大智慧。打破五蘊煩惱塵勞。如此修行。定成佛道。變三毒爲戒定慧。善知識。我此法門。從一般若。生八萬四千智慧。何以故。爲世人有八萬四千塵勞。若無塵勞。智慧常現。不離自性。悟此法者。即是無念無憶無著。不起誑妄。用自眞如性。以智慧觀照。於一切法。不取不捨。即是見性成佛道。善知識。若欲入甚深法界。及般若三昧者。須修般若行。持誦金剛般若經。即得見性。當知此功德無量無邊。經中分明讚歎。莫能具說。此法門是最上乘。爲大智人說。爲上根人說。小根小智人聞。心生不信。何以故。譬如大龍下雨於閻浮提。城邑聚落。悉皆漂流。如漂棗葉。若雨大海。不增不減。若大乘人。若最上乘人。聞說金剛經。心開悟解。故知本性自有般若之智。自用智慧常觀照故。不假文字。譬如雨水不從天有。元是龍能興致。令一切衆生。一切草木。有情無情。悉皆蒙潤百川衆流。卻入大海合爲一體。衆生本性般若之智。亦復如是。善知識。小根之人。聞此頓教。猶如草木根性小者若被大雨。悉皆自倒。不能增長。小根之人。亦復如是。元有般若之智。與大智人。更無差別。因何聞法。不自開悟。緣邪見障重。煩惱根深。猶如大雲。覆蓋於日。不得風吹。日光不現。般若之智。亦無大小。爲一切衆生自心迷悟不同。迷心外見修行覓佛。未悟自性。即是小根若開悟頓教。不執外修。但於自心常起正見。煩惱塵勞常不能染。即是見性。善知識。內外不住。去來自由。能除執心。通達無礙。能修此行。與般若經。本無差別。善知識。一切修多羅。及諸文字。皆因人置。因智慧性。方能建立。若無世人。一切萬法。本自不有。故知萬法本自人興。一切經書。因人說有。緣其中人有愚有智。愚爲小人。智爲大人。愚者問於智人。智者與愚人說法。愚人忽悟解心開。卽與智人無別。善知識。不悟卽佛是衆生。一念悟時。衆生是佛。故知萬法。盡在自心。何不從自心中頓見眞如本性。菩薩戒經云。我本元自性淸淨。若識自心見性。皆成佛道。淨名經云。卽是豁然還得本心。善知識。我於忍和尚處一聞。言下便悟。頓見眞如本性。是以將此教法流行令學道者頓悟菩提。各自觀心。自見本性。若自不悟。須覓大善知識。解最上乘法者。直示正路。是善知識有大因緣。所謂化導令得見性。一切善法。因善知識能發起故。三世諸佛。十二部經。在人性中本自具有。不能自悟。須求善知識指示方見。若自悟者。不假外求。若一向執謂須要他善知識方得解脫者無有是處。何以故。自心內有知識自悟。若起邪迷妄念顚倒。外善知識。卽有教授。救不可得。若起正眞般若觀照。一刹那間。妄念俱滅。識自本性。一悟卽至佛地。善知識。智慧觀照內外明徹。識自本心。若識本心。卽本解脫。若得解脫。卽是般若三昧。般若三昧。卽是無念。何名無念。若見一切法。心不染著。是爲無念。用卽徧一切處。亦不著一切處。但淨本心。使六識出六門。於六塵中。無染無雜。來去自由。通用無滯。卽是般若三昧。自在解脫。名無念行。若百不思。常令念絕即是法縛。即名邊見。善知識。悟無念法者。萬法盡通。悟無念法者。見諸佛境界。悟無念法者。至佛地位。善知識。後代得吾法者。將此頓教法門。於同見同行。發願受持。如事佛故。終身而不退者。定入聖位。然須傳授從上已來。默傳分付。不得匿其正法。若不同見同行。在別法中。不得傳付。損彼前人究竟無益。恐愚人不解。謗此法門。百劫千生。斷佛種性。善知識。吾有一無相頌。各須誦取。在家出家。但依此修。若不自修。惟記吾言。亦無有益。聽吾頌曰。

說通及心通　如日處虛空　惟傳見性法　出世破邪宗

法即無頓漸　迷悟有遲疾　只此見性門　愚人不可悉
說即雖萬般　合理還歸一　煩惱暗宅中　常須生慧日
邪來煩惱至　正來煩惱除　邪正俱不用　清淨至無餘
菩提本無性　起心即是妄　淨心在妄中　但正無三障
世人若修道　一切盡不妨　常見自己過　與道即相當
色類自有道　各不相妨惱　離道別覓道　終身不見道
波波度一生　到頭還自懊　欲得見眞道　行正即是道
自若無道心　闇行不見道　若眞修道人　不見世間過
若見他人非　自非卻是左　他非我不非　我非自有過
但自卻非心　打除煩惱破　憎愛不關心　長伸兩脚臥

欲擬化他人　自須有方便　勿令彼有疑　即是自性現

佛法在世間　不離世間覺　離世覓菩提　恰如求兎角

正見名出世　邪見是世間　邪正盡打卻　菩提性宛然

此頌是頓敎　亦名大法船　迷聞經累劫　悟則刹那間

韋刺史問曰。弟子常見僧俗念阿彌陀佛。願生西方。請和尚說得生彼否。願爲破疑。祖曰。使君善聽。慧能與說。世尊在舍衛城中。說西方引化。經文分明。說去此不遠。若論相說。里數有十萬八千。卽身中十惡八邪。便是說遠。說遠爲其下根。說近爲其上智。人有兩種。法無兩般。迷悟有殊。見有遲疾。迷人念佛求生於彼。悟人自淨其心。所以佛言。隨其心淨。則佛土淨使君東方人但心淨即無罪雖西方人心不淨亦有愆東方人造罪念佛求生西方西方人造罪念佛求生何國凡愚不了自性不識身中淨土願東願西悟人在處一般所以佛言隨所住處恒安樂使君心地但無不善西方去此不遙若懷不善之心念佛往生難到今勸善知識先除十惡即行十萬後除八邪乃過八千念念見性常行平直到如彈指便覩彌陀使君但行十善何須更念往生不斷十惡之心何佛即來迎請若悟無生頓法見西方只在刹那不悟念佛求生路遙如何得達惠能與諸人移西方於刹那間目前便見各願見否眾皆頂禮云若此處見何須更願往生願和尚慈悲便

現西方。普令得見。祖曰。大衆。世人自色身是城。眼耳鼻舌是門。外有五門。內有意門。心是地。性是王。王居心地上。性在王在。性去王無。性在身心存。性去身心壞。佛向性中作。莫向身外求。自性迷即是衆生。自性覺即是佛。慈悲即是觀音。喜捨名爲勢至。能淨即釋迦。平直即彌陀。人我是須彌。邪心是海水。煩惱是波浪。毒害是惡龍。虛妄是鬼神。塵勞是魚鱉。貪嗔是地獄。愚癡是畜生。善知識。常行十善。天堂便至。除人我。須彌倒。去邪心。海水竭。煩惱無。波浪滅。毒害忘。魚龍絕。自心地上覺性如來。放大光明。外照六門清淨。能破六欲諸天。自性內照。三毒即除。地獄等罪一時消滅。內外明徹。不異西方。不

作此修。如何到彼。大衆聞說。了然見性。悉皆禮拜。俱歎善哉
唱言。普願法界衆生。聞者一時悟解。祖曰。若欲修行。在家亦
得。不由在寺。在家能行。如東方人心善。在寺不修。如西方人
心惡。但心清淨。卽是自性西方。韋公又問。在家如何修行。願
爲教授。祖曰。吾與大衆作無相頌。但依此修。常與吾同處無
別。若不作此修。剃髮出家。於道何益。頌曰。

心平何勞持戒　行直何用修禪　恩則親養父母
義則上下相憐　讓則尊卑和睦　忍則衆惡無喧
若能鑽木出火　淤泥定生紅蓮　苦口的是良藥
逆耳必是忠言　改過必生智慧　護短心內非賢

日用常行饒益　成道非由施錢　菩提只向心覓
何勞向外求玄　聽說依此修行　天堂只在目前

示衆云善知識。我此法門。以定慧爲本。大衆勿迷言定慧別。定慧一體不是二。定是慧體。慧是定用。卽慧之時定在慧。卽定之時慧在定。若識此義。卽是定慧等學。諸學道人。莫言先定發慧。先慧發定各別。作此見者。法有二相。口說善相。心中不善。空有定慧。定慧不等。若心口俱善。內外一種。定慧卽等。自悟修行。不在於諍。若諍先後。卽同迷人。不斷勝負。卻增我法。不離四相。善知識。定慧猶如何等。猶如燈光。有燈卽光。無燈卽暗。燈是光之體。光是燈之用。名雖有二。體本同一。此定慧法。亦復如是。

又云善知識。云何立無念爲宗。只緣口說見性。迷人於境上有念。念上便起邪見。一切塵勞妄想。從此而生。自性本無一法可得。若有所得。妄說禍福。卽是塵勞邪見。故此法門立無念爲宗。善知識無者無何事。念者念何物。無者無二相。無諸塵勞之心。念者念眞如本性。眞如卽是念之體。念卽是眞如之用。眞如自性起念。非眼耳鼻舌能念。眞如有性。所以起念。眞如若無。眼耳色聲。當時卽壞。善知識。眞如自性起念。六根雖有見聞覺知。不染萬境。而眞性常自在。故經云。能善分別諸法相。於第一義而不動。

又云。此門坐禪。元不著心。亦不著淨。亦不是不動。若言著心。心元是妄。知心如幻。故無所著也。若言著淨。人性本淨。由妄念故。蓋覆眞如。但無妄想。性自清淨。起心著淨。卻生淨妄。妄無處所。著者是妄。淨無形相。卻立淨相。言是工夫。作此見者。障自本性。卻被淨縛。善知識。若修不動者。但見一切人時。不見人之是非善惡過患。卽是自性不動。善知識。迷人身雖不動。開口便說他人是非長短好惡。與道違背。若著心著淨。卽障道也。

又云。善知識。何名坐禪。此法門中。無障無礙。外於一切善惡境界。心念不起。名爲坐。內見自性不動。名爲禪。善知識。何名禪定。外離相爲禪。內不亂爲定。外若著相。內心卽亂。外若離相心卽不亂。本性自淨自定。只爲見境思境卽亂。若見諸境。心不亂者。是眞定也。善知識。外離相卽禪。內不亂卽定。外禪內定是爲禪定。淨名經云。卽時豁然還得本心。菩薩戒經云。我本性元自清淨。善知識。於念念中。自見本性清淨。自修自行自成佛道。無相頌曰。

迷人修福不修道　只言修福便是道　布施供養福無邊
心中三惡元來造　擬將修福欲滅罪　後世得福罪還在
但向心中除罪緣　各自性中眞懺悔　忽悟大乘眞懺悔
除邪行正卽無罪　學道常於自性觀　卽與諸佛同一類

吾祖惟傳此頓法　普願見性同一體　若欲當來覓法身
離諸法相心中洗　努力自見莫悠悠　後念忽絕一世休
若悟大乘得見性　虔恭合掌至心求

祖言。善知識。總須誦取。依此修行。言下見性。雖去吾千里。如常在吾邊。於此言下不悟。即對面千里。何勤遠來。珍重好去。一衆聞法。靡不開悟。歡喜奉行。

永嘉玄覺禪師 證道歌

○君不見絕學無爲閒道人。不除妄想不求眞。無明實性即佛性。幻化空身即法身。法身覺了無一物。本源自性天眞佛。五陰浮雲空去來。三毒水泡虛出沒。證實相無人法。刹那滅卻阿鼻業。若將妄語誑衆生。自招拔舌塵沙劫。頓覺了。如來禪。六度萬行體中圓。夢裏明明有六趣。覺後空空無大千。無罪福。無損益。寂滅性中莫問覓。比來塵境未曾磨。今日分明須剖析。誰無念。誰無生。若實無生無不生。喚取機關木人問。求佛施功早晚成。放四大。莫把捉。寂滅性中隨飲啄。諸行無常一切空。卽是如來大圓覺。決定說。表眞乘。有人不肯任情徵。直截根源佛所印。摘葉尋枝我不能。摩尼珠。人不識。如來藏裏親收得。六般神用空不空。一顆圓光色非色。淨五眼。得五力。唯證乃知難可測。鏡裏看形見不難。水中捉月拈爭得。常獨行。常獨步。達者同遊涅槃路。調古神淸風自高。貌顇骨剛人不顧。窮釋子。口稱貧。實是身貧道不貧。貧則身常披縷褐。道則心藏無價珍。無價珍。用無盡。利物應機終不悋。三身四智體中圓。八解六通心地印。上士一決一切了。中下多聞多不信。但自懷中解垢衣。誰能向外誇精進。從他謗。任他非。把火燒天徒自疲。我聞恰似飲甘露。銷融頓入不思議。觀惡言是功德。此則成吾善知識。不因訕謗起冤親。何表無生慈忍力。宗亦通。說亦通。定慧圓明不滯空。非但我今獨達了。恒沙諸佛體皆同。師子吼無畏說。百獸聞之皆腦裂。香象奔波失卻威。天龍寂聽生欣悅。遊江海。涉山川。尋師訪道為參禪。自從認得曹溪路。了知生死不相干。行亦禪。坐亦禪。語默動靜體安然。縱遇鋒刀常坦坦。假饒毒藥也閒閒。我師得見然燈佛。多劫曾爲忍辱仙。幾回生。幾回死。生死悠悠無定止。自從頓悟了無生。於諸榮辱何憂喜。入深山。住蘭若。岑崟幽邃長松下。優游靜坐野僧家。閴寂安居實蕭灑。覺卽了不施功。一切有爲法不同。住相布施生天福。猶如仰箭射虛空。勢力盡。箭還墜。招得來生不如意。爭似無爲實相門。一超直入如來地。但得本。莫愁末。如淨琉璃含寶月。既能解此如意珠。自利利他終不竭。江月照。松風吹。永夜清宵何所爲。佛性戒珠心地印。霧露雲霞體上衣。降龍鉢。解虎錫。兩鈷金環鳴歷歷。不是標形虛事持。如來寶杖親蹤跡。不求眞。不斷妄。了知二法空無相。無相無空無不空。即是如來眞實相。心鏡明鑒無礙。廓然瑩徹周沙界。萬象森羅影現中。一顆圓明非內外。豁達空。撥因果。莽莽蕩蕩招殃禍。棄有應是空著有應是有病亦然。還如避溺而投火。捨妄心。取眞理。取捨之心成巧僞。學人不了用修行。眞成認賊將爲子。損法財。滅功德。莫不由斯心意識。是以禪門了卻心。頓入無生知見力。大丈夫。秉慧劍。般若鋒兮金剛燄。非但能摧外道心。早曾落卻天魔膽。震法雷。擊法鼓。布慈雲兮灑甘露。龍象蹴蹋潤無邊。三乘五性皆惺悟。雪山肥膩更無雜。純出醍醐我常納。一性圓通一切性。一法徧含一切法。一月普現一切水。一切水月一月攝。諸佛法身入我性。我性還共如來合。一地具足一切地。非色非心非行業。彈指圓成八萬門。刹那超卻三祇劫。一切數句非數句與吾靈覺何交涉。不可毀。不可讚。體若虛空沒涯岸。不離當處常湛然。覓即知君不可見。取不得捨不得。不可得中秖麼得。默時說。說時默。大施門開無壅塞。有人問我解何宗。報道摩訶般若力。或是或非人不識。逆行順行天莫測。吾早曾經多劫修。不是等閒相誑惑。建法幢。立宗旨。明明佛敕曹溪是。第一迦葉首傳燈。二十八代西天記。法東流。入此土。菩提達磨爲初祖。六代傳衣天下聞。後人得道何窮數。眞不立。妄本空。有無俱遣不空空。二十空門元不著。一性如來體自同。心是根。

法是塵。兩種猶如鏡上痕。痕垢盡除光始現。性法雙亡性即眞。嗟末法。惡時世。衆生福薄難調治。去聖遠兮邪教深。魔強法弱多怨害。聞說如來頓教門。恨不滅除令瓦碎。作在心。殃在身。不須怨訴更尤人。欲得不招無間業。莫謗如來正法輪。栴檀林。無別樹。鬱密森沉師子住。境靜林閒獨自遊。走獸飛禽皆遠去。師子兒。衆隨後。三歲即能大哮吼。若是野干逐法王。百歲妖怪虛開口。圓頓教。勿人情。有疑不決直須爭。不是山僧逞人我。修行恐落斷常坑。非不非。是不是。差之毫釐失千里。是即龍女頓成佛。非即善星生陷墜。吾早年來積學問。亦曾討疏尋經論。分別名相不知休。入海算沙徒自困。卻被如來苦訶責。數他珍寶有何益。從來蹭蹬覺虛行。多年枉作風塵客。種性邪。錯知解。不達如來圓頓制。二乘精進勿道心。外道聰明無智慧。亦愚癡。亦小騃。空拳指上生實解。執指為月枉施功。根境法中虛揑怪。不見一法即如來。方得名為觀自在。了即業障本來空。未了先須償宿債。饑逢王膳不能飡。病遇醫王爭得瘥。在欲行禪知見力。火中生蓮終不壞。勇施犯重悟無生。早時成佛於今在。師子吼。無畏說。深嗟懞懂頑皮靼。秖知犯重障菩提。不見如來開秘訣。有二比丘犯婬殺。波羅螢光增罪結。維摩大士頓除疑。猶如赫日銷霜雪。不思議。解脫力。妙用河沙也無極。(傳燈作此即成吾善知識)四事供養敢辭勞。

萬兩黃金亦銷得。粉骨碎身未足酬。一句了然超百億。法中王最高勝。河沙如來同共證。我今解此如意珠。信受之者皆相應。了了見無一物。亦無人。亦無佛。大千沙界海中漚。一切聖賢如電拂。假使鐵輪頂上旋。定慧圓明終不失。日可冷。月可熱。衆魔不能壞眞說。象駕崢嶸謾進途。誰見螳螂能拒轍。大象不遊於兔徑。大悟不拘於小節。莫將管見謗蒼蒼。未了吾今爲君決。

南陽慧忠國師　禪客問答二則

○師問禪客。從何方來。禪客曰。南方來。師曰。南方有何知識。曰。知識頗多。師曰。如何示人。曰。彼方知識。直下示學人。卽心是佛。佛是覺義。汝今悉具見聞覺知之性。此性善能揚眉瞬目。去來運用徧於身中。挃頭頭知。挃腳腳知。故名正徧知。離此之外更無別佛。此身即有生滅。心性無始以來未曾生滅。身生滅者。如龍換骨。蛇蛻皮。人出故宅。即身是無常。其性常也。南方所說大約如此。師曰。若然者。與彼先尼外道無有差別。彼云。我此身中有一神性。此性能知痛癢。身壞之時神則出去。如舍被燒。舍主出去。舍即無常。舍主常矣。審如此者。邪正莫辨。孰爲是乎。吾比遊方。多見此色。近尤盛矣。聚卻三五百衆。目視雲漢。云是南方宗旨。把他壇經改換。添糅鄙談。削除聖意。惑亂後徒。豈成言教。苦哉。吾宗喪矣。若以見聞覺知是佛性者。淨名不憓云。法離見聞覺知。若行見聞覺知。是則見聞覺知。非求法也。僧又問。法華了義。開佛知見。此復若爲。師曰。他云開佛知見。尙不言菩薩二乘。豈以衆生癡倒便同佛之知見耶。僧又問。阿那個是佛心。師曰。牆壁瓦礫是。僧曰。與經大相違也。涅槃云。離牆壁無情之物。故名佛性。今云是佛心。未審心之與性爲別不別。師曰。迷卽別。悟卽不別。曰。經云。佛性是常。心是無常。今云不別。何也。師曰。汝但依語。而不依義。譬如寒月水結爲冰。及至暖時。冰釋爲水。衆生迷時結性成心。衆生悟時釋心成性。若執無情無佛性者。經不應言三界唯心。宛是汝自違經。吾不違也。問。無情旣有佛性。還解說法否。師曰。他熾然常說無有間歇。曰某甲爲甚麽不聞。師曰。汝自不聞。曰。誰人得聞。師曰諸聖得聞。曰衆生應無分耶。師曰我爲衆生說。不爲諸聖說。曰某甲聾瞽不聞無情說法。師應合聞。師曰我亦不聞。曰師既不聞。爭知無情解說法。師曰賴我不聞。我若得聞則齊於諸聖。汝則不聞我說法。曰衆生畢竟得聞否。師曰。衆生若聞卽非衆生。曰無情說法有何典據。師曰不見華嚴云。刹說衆生說。三世一切說。衆生是有情乎。曰師但說無情有佛性。有情復若爲。師曰無情尚爾。況有情耶。曰若然者。南方知識云見聞覺知是佛性。應不合判同外道。師曰不道他無佛性。外道豈無佛性耶。但緣見錯。於一法中而生二見。故非也。曰若俱有佛性。且殺有情即結業互酬損害無情不聞有報。師曰。有情是正報。計我我所而懷結恨即有罪報。無情是其依報。無結恨心。是以不言有報。曰敎中但見有情作佛。不見無情受記。且賢劫千佛。孰是無情佛耶。師曰。如皇太子未受位時。惟一身耳。受位之後。國土盡屬於王。甯有國土別受位乎。今但有情受記作佛之時。十方國土。悉是遮那佛身。那得更有無情受記耶。曰一切衆生盡居佛身之上。便利穢污佛身。穿鑿踐蹋佛身。豈無罪耶。師曰衆生全體是佛。欲誰爲罪。曰經云佛身無罣礙。今以有爲窒礙之物。而作佛身。豈不乖於聖旨。師曰大品經云。不可離有爲而說無爲。汝信色是空否。曰佛之誠言。那敢不信。師曰。色既是空。甯有罣礙。曰衆生佛性既同。只用一佛修行。一切衆生應時解脫。今既不爾。同義安在。師曰。汝不見華嚴六相義云。同中有異。異中有同。成壞總別。類例皆然。衆生佛雖同一性。不妨各各自修自得。未見他食我飽。曰有知識示學人。但自識性。了無常時。拋卻殼漏子一邊著。靈臺智性。迥然而去。名爲解脫。此復若爲。師曰。前已說了。猶是二乘。外道之量。二乘厭離生死。欣樂涅槃。外道亦云。吾有大患。爲吾有身。乃趣乎冥諦。須陀洹人八萬劫。餘三果人六四二萬劫。辟支佛一萬劫住空定中。外道八萬劫住非非想中。二乘劫滿。猶能回心向大外道還卽輪回。曰佛性一種爲別。師曰不得一種。曰何也。師曰或有全不生滅。或半生半滅。半不生滅。曰孰爲此解。師曰我此間佛性全無生滅。汝南方佛性半生半滅半不生滅。曰如何區別。師曰。此則身心一如。身外無餘。所以全不生滅。汝南方身是無常。神性是常。所以半生半滅半不生滅。曰和尚色身。豈得便同法身不生滅耶。師曰。汝那得入於邪道。曰學人早晚入邪道。師曰。汝不見金剛經。色見聲求。皆行邪道。今汝所見不其然乎。曰某甲曾讀大小乘教。亦見有說不生不滅中道見性之處。亦見有說此陰滅彼陰生。身有代謝而神性不滅之文。那得盡撥同外道斷常二見。師曰。汝學出世無上正眞之道。爲學世世間生死斷常二見耶。汝不見肇公云。譚眞則逆俗。順俗則違眞。違眞故迷性而莫返。逆俗故言淡而無味。中流之人如存若亡。下士撫掌而笑之。汝今欲學下士笑於大道乎。曰。師亦言即心是佛。南方知識亦爾。那有異同。師不應自是而非他。師曰。或名異體同。或名同體異。因茲濫矣。只如菩提涅槃眞如佛性。名異體同。眞心妄心佛智世智。名同體異。緣南方錯將妄心言是眞心。認賊爲子。有取世智。稱爲佛智。猶如魚目而亂明珠。不可雷同。事須甄別。曰若爲離得此過。師曰。汝但子細返觀陰入界處。一一推窮。有纖毫可得否。曰。子細觀之不見一物可得。師曰。汝壞身心相耶。曰身心性離有何可壞。師曰。身心外更有物否。曰身心無外。甯有物耶。師曰。汝壞世間相耶。曰世間相卽無相。那用更壞。師曰。若然者卽離過矣。

○問曰。發心出家。本擬求佛。未審如何用心卽得。師曰。無心可用。卽得成佛。曰無心可用阿誰成佛。師曰。無心自成佛。成佛亦無心。曰佛有大不可思議。爲能度衆生。若也無心。阿誰度衆生。師曰。無心是眞度生。若見有生可度者。卽是有心宛然生滅。曰今旣無心能仁出世。說許多教迹。豈可虛言。師曰。佛說教亦無心。曰說法無心應是無說。師曰。說卽無。無卽說。曰說法無心。造業有心否。師曰。無心卽無業。今旣有業。心卽生滅。何得無心。曰無心即成佛。和尚即今成佛未。師曰。心尚自無。誰言成佛。若有佛可成。還是有心。有心即有漏。何處得無心。曰既無佛可成。和尚還得佛用否。師曰。心尚自無。用從何有。曰茫然都無。莫落斷見否。師曰。本來無見。阿誰道斷。曰本來無見。莫落空否。師曰。無空可落。曰有可墮否。師曰。空既是無。墮從何立。曰能所俱無。忽有人持刀來取命。爲是有是無。師曰是無。曰痛否。師曰痛亦無。曰痛既無。死後生何道。師曰。無死無生亦無道。曰既得無物自在。饑寒所逼。若爲用心。師曰饑即喫飯。寒即著衣。曰知饑知寒。應是有心。師曰。我問汝有心。心作何體段。曰心無體段。師曰。汝既知無體段。即是本來無心。何得言有。曰山中逢見虎狼。如何用心。師曰見如不見。來如不來。彼卽無心。惡獸不能加害。曰寂然無事。獨脫無心。名爲何物。師曰名金剛大士。曰金剛大士有何體段。師曰本無形段。曰旣無形段。喚何物作金剛大士。師曰喚作無形段金剛大士。曰金剛大士有何功德。師曰一念與金剛相應。能滅殑伽沙劫生死重罪。得見殑伽沙諸佛。其金剛大士功德無量。非口所說。非意所陳。假使殑伽沙劫住世。說亦不可得盡。曰如何是一念相應。師曰憶智俱忘。卽是相應。曰憶智俱忘。誰見諸佛。師曰忘卽無。無卽佛。曰無卽言無。何得喚作佛。師曰無亦空。佛亦空。故曰無卽佛。佛卽無。曰旣無纖毫可

南陽忠　馬祖

得。名爲何物。師曰。本無名字。曰還有相似者否。師曰無相似者。世號無比獨尊。汝努力依此修行。無人能破壞者。更不須問。任意遊行。獨脫無畏。常有河沙賢聖之所覆護。所在之處。常得河沙天龍八部之所恭敬。河沙善神來護。永無障礙。何處不得逍遙。

江西馬祖道一禪師　示衆

○一日謂衆曰。汝等諸人。各信自心是佛。此心卽是佛心。達磨大師。從南天竺國來至中華。傳上乘一心之法。令汝等開悟。又引楞伽經文。以印衆生心地。恐汝顛倒。不自信此一心之法。各各有之。故楞伽經。以佛語心爲宗。無門爲法門。

○夫求法者。應無所求。心外無別佛。佛外無別心。不取善。不捨惡。淨穢兩邊俱不依怙。達罪性空。念念不可得。無自性故。故三界惟心。森羅萬象。一法之所印。

○凡所見色。皆是見心。心不自心。因色故有。汝但隨時言說。卽事卽理。都無所礙。菩提道果。亦復如是。於心所生。卽名爲色。知色空故。生卽不生。若了此意。乃可隨時著衣喫飯。長養聖胎。任運過時。更有何事。汝受吾教。聽吾偈曰。心地隨時說。菩提亦秖甯。事理俱無礙。當生卽不生。

○僧問。如何修道。師曰。道不屬修。若言修得。修成還壞。卽同聲聞。若言不修。卽同凡夫。曰。云何卽得達道。師曰。自性本來具足。但於善惡事上不滯。喚作修道人。取善捨惡。觀空入定。卽屬造作。更若向外馳求。轉疎轉遠。但盡三界心量。一念妄想。卽是三界生死根本。但無一念。卽除生死根本。卽得法王無上珍寶。

○無量劫來。凡夫妄想。諂曲邪僞。我慢貢高。合爲一體。故經云。但以衆法。合成此身。起時惟法起。滅時惟法滅。此法起時不言我起。滅時不言我滅。前念後念中念。念念不相待。念念寂滅。喚作海印三昧。攝一切法。如百千異流。同歸大海。都名海水。住於一味。卽攝衆味。住於大海。卽混諸流。如人在大海中浴。卽用一切水。所以聲聞悟迷。凡夫迷悟。聲聞不知聖心本無地位因果階級心量。妄想修因證果。住其空定八萬劫二萬劫。雖即已悟卻迷。諸菩薩觀如地獄。苦沉空滯寂。不見佛性。若是上根衆生。忽遇善知識指示。言下領會。更不歷於階級地位。頓悟本性。故經云。凡夫有反覆心。而聲聞無也。對迷說悟。本既無迷。悟亦不立。一切衆生從無量劫來。不出法性三昧。常在法性三昧中著衣喫飯言談祗對。六根運用。一切施爲。盡是法性。不解返源。隨名逐相。迷情妄起。造種種業。

○若能一念返照。全體聖心。汝等諸人各達自心。莫記吾語。縱饒說得河沙道理。其心亦不增。總說不得。其心亦不減。說得亦是汝心。說不得亦是汝心。乃至分身放光。現十八變。不如還我死灰來。淋過死灰無力。喻聲聞妄修因證果。未淋過死灰有力。喻菩薩道業純熟諸惡不染。若說如來權教三藏。河沙劫說不可盡。猶如鉤鎖。亦不斷絕。若悟聖心。總無餘事。

○道不用修。但莫污染。何爲污染。但有生死心造作趣向皆是污染。若欲直會其道。平常心是道。何謂平常心。無造作。無是非。無取捨無斷常。無凡聖。故經云。非凡夫行。非聖賢行。是菩薩行。卽如今行住坐臥應機接物。盡是道。道卽是法界。乃至河沙妙用。不出法界。若不然者。云何言心地法門。云何言無盡燈。一切法皆是心法。一切名皆是心名。萬法皆從心生。心爲萬法之根本。故經云。識心達本源。故號爲沙門。

佛祖心要節錄卷下

大珠慧海禪師　頓悟入道要門論

稽首和南十方諸佛。諸大菩薩衆。弟子今作此論。恐不會聖心。願賜懺悔。若會聖理。盡將迴施。一切有情。願於來世盡得成佛。問。欲修何法。即得解脫。答。唯有頓悟一門。即得解脫。云何爲頓悟。答。頓者。頓除妄想。悟者。悟無所得。問。從何而修。答。從根本修。云何從根本修。心爲根本。云何知心爲根本。答。楞伽經中云。心生種種法生。心滅種種法滅。維摩經云。欲得淨土。當淨其心。隨其心淨。即佛土淨。遺教經云。但制心一處。無事不辦。又經云。聖人求心不求佛。愚人求佛不求心。智人調心不調身。愚人調身不調心。佛名經云。罪從心生。還從心滅。故知善惡一切。皆由自心。所以心爲根本也。若求解脫者。先須識根本。若不達此理。虛費功名。於外相求。無有是處。禪門經云。於外相求。雖經劫數。終不能成。於內覺觀。如一念頃。即證菩提。問。夫修根本以何法修。答。惟坐禪。禪定即得。禪門經云。求佛聖智。要即禪定。若無禪定。念想喧動。壞其善根。問。云何爲禪。云何爲定。答。妄念不生爲禪。坐見本性爲定。本性者。是汝無生心。定者。對鏡無心。八風不能動。八風者。利衰毀譽稱譏苦樂。是名八風。若得如是定者。雖是凡夫。即入佛位。何以故。菩薩戒經云。衆生受佛戒。即入諸佛位。得如是者。即名解脫。亦名達彼岸。超六度。越三界。大力菩薩。無量力尊。是大丈夫。問。心住何處卽住。答。住無住處卽住。問。云何是無住處。答。不住一切處。卽是住無住處。云何是不住一切處。答。不住一切處者。不住善惡。有無內外中間。不住空。亦不住不空。不住定。亦不住不定。卽是不住一切處。只個不住一切處。卽是住處也。得如是者。卽名無住心也。無住心者乃是佛心。問。其心似何物。答。其心不靑不黃不赤不白不長不短不去不來不垢不淨不生不滅。湛然常寂。此是本心形相也。亦是本身。本身者。卽佛身也。問。身心以何爲見。是眼見耳見鼻見及身心等見。答。見無許多種見。問。既無許多種見。復何見。答。是自性見何以故爲自性本來清淨。湛然空寂。卽於空寂體中能生此見。問只如清淨體。尙不可得。此見從何而有。答喩如明鏡中雖無像。能見一切像。何以故。爲明鏡無心故。學人若心無所染。妄心不生。我所心滅。自然清淨。以清淨故。能生此見。法句經云。於畢竟空中熾然建立。是善知識也。問涅槃經。金剛身品。不可見。了了見。無有知者。無不知者。云何。答不可見者。爲自性體無形。不可得故。是名不可見也。然見不可得者。體寂湛然。無有去來。不離世流。世流不能流。坦然自在。卽是了了見也。無有知者。爲自性無形。本無分別。是名無有知者。無不知者。於無分別體中。具有恒沙之用。若能分別一切。卽無事不知。是名無不知者。般若偈云。般若無知。無事不知。般若無見。無事不見。問。經云。不見有無。卽眞解脫。何者是不見有無。答。證得淨心時。卽名有。於中不生得淨心想。卽名不見有也。得想無生無住。不得作無生無住想。卽是不見無也。故云不見有無也。楞嚴經云。知見立知。卽無明本。知見無見。斯卽涅槃。亦名解脫。問。云何是無所見。答。若見男子女人及一切色像。於中不起愛憎。與不見等。卽是無所見也。問。對一切色像時。卽名爲見。不對色像時。亦名見否。答。見。問。對物時從有見。不對物時。云何有見。答。今言見者。不論對物與不對物。何以故。爲見性常故。有物之時卽見。無物之時亦見也。故知物自有去來見性無來去也。諸佛亦爾。問。正見物時。見中有物否。答。見中不立物。問。正見無物時。見中有物否。答。見中不立無物。問。有聲時卽有聞。無聲時還得聞否。答。亦聞。問。有聲時從有聞。無聲時云何得聞。答。今言聞者。不論有聲無聲。何以故。謂聞性常故。有聲時卽聞。無聲時亦聞。問。如是聞者是誰。是自性聞。亦名知者聞。問。此頓悟門以何爲宗。以何爲旨。以何爲體。以何爲用。答。無念爲宗。妄心不起爲旨。以淸淨爲體。以智爲用。問。旣言無念爲宗。未審無何念。答。無念者。無邪念。非無正念。云何爲邪念。云何爲正念。答。念有念無。卽名邪念。不念有無。是爲正念。念善念惡。名爲邪念。不念善惡。名爲正

念。乃至苦樂。生滅取捨寃親憎愛。並名邪念。不念苦樂等。即
名正念。問。云何是正念。答。正念者。唯念菩提。問。菩提可得否。
答。菩提不可得。問。既不可得。云何唯念菩提。答。只此菩提。假
立名字。實不可得。亦無前後得者爲不可得故。即無有念。只
個無念。是名眞念。菩提無所念。無所念者。即一切處無心。是
無所念。只如上說如許種無念者。皆是隨事方便假立名字。
皆同一體。無一無別。但知一切處無心。即是無念也。得無念
時。自然解脫。問。云何行佛行答。不行一切行。即名佛行。亦名
正行。亦名聖行。如前所說。不行有無憎愛等是也。大律卷五
菩薩品云。一切衆生不行聖行。一切聖人不行於衆生行。云

何是正見。見無所見。即名正見。問。云何名見無所見。答。見一切色時。不起染着。不染着者。不起愛憎心。即名見無所見也。若得見無所見時。即名佛眼。更無別眼。若見一切色時。起愛憎者。即名有所見。有所見者。即是衆生眼。更無別眼。作衆生眼。乃至諸根。亦復如是。問。既言以智爲用者。云何爲智。答。智二性空。即是解脫。知二性不空。不得解脫。是名爲智。亦名了邪正。亦名識體用。二性空。即是體。知二性空。即是解脫。更不生疑。即名爲用。言二性空者。不生有無善惡愛憎。名二性空。問。此門從何而入。答。從檀波羅蜜入。問。佛說六波羅蜜是菩薩行。何故獨說檀波羅蜜。云何具足而得入也。答。迷人不解

五度。皆因檀度生。但修檀度。卽六度悉具足也。問。何因緣故
名爲檀度。答。檀者。名爲施物。問。布施何物。答。布施卻二性。問。
云何是二性。答。布施卻善惡性。布施卻有無性。愛憎性。空不
空性。定不定性。淨不淨性。一切悉皆施卻。卽得二性空。若得
二性空時。亦不得作二性空想。亦不得作念有施想。卽是眞
行檀波羅蜜。名萬緣俱絕。萬緣俱絕者。卽一切法性空是也。
法性空者。卽一切處無心。是若得一切處無心時。卽無有一
相可得。何以故。爲自性空。故無一相可得。無一相可得者。卽
是實相。實相者。卽是如來妙色身相也。金剛經云。離一切諸
相。則名諸佛。問。佛說六波羅蜜。今云何說一。卽能具足。願說

一具六法之因。答思益經云。網明尊謂梵天言。若菩薩捨一切煩惱名檀波羅蜜。即是布施。於諸法無所起。名尸波羅蜜。即是持戒。於諸法無所傷。名羼提波羅蜜。即是忍辱。於諸法離相。名毘離耶波羅蜜。即是精進。於諸法無所住。名禪波羅蜜。即是禪定。於諸法無戲論。名般若波羅蜜。即是智慧。是名六法。今更名六法不異。一捨。二無起。三無念。四離相。五無住。六無戲論。如是六法。隨事方便。假立名字。至於妙理。無二無別。但知一捨。即一切捨。無起。即一切無起。迷途不契。悉謂有差。愚者。滯其法數之中。即長輪生死。告汝學人。但修檀之一法。即萬法周圓。況以五法。豈不具耶。問三學等用何者是三學。何者是等用。三學者。戒定慧是也。問其義云何。答清淨無染是戒。知心不動。對境寂然是定。知心不動時。不生不動想。知心清淨時。不生清淨想。乃至善惡皆能分別。於中無染得自在者。是名爲慧也。若知戒定慧體。俱不可得時。即無分別者。即同一體。是名三學等用。問若心住淨時。不是着淨否。答得住淨時。不作住淨想。是不着淨。問心住空時。不是着空否。答。若作空想。即名着空。問若心得住無住處時。不是着無所處否。答但作得想。即無有着處。汝若欲了了識無所住心時。正坐之時。但知心莫思量一切物。一切善惡。都莫思量。過去事已過去。而莫思量過去。心自絕。即名無過去事。未來事未

至莫願莫求未來心自絕卽名無未來事現在事已現在於
一切事但知無着無着者不起愛憎心卽是無着現在心自
絕卽名無現在事三世不攝亦名無三世心也心若起去時
卽莫隨去去心自絕若住時亦莫隨住住心自絕卽無住心
卽是住無住處也若了了自知住無住時只物住亦無住處
亦無無住處也若自了了知心不住一切處卽名了了見本
心也亦名了了見性也只個不住一切處心者卽是佛心亦
名解脫心亦名菩提心亦名無生心亦名性空經云證無生
法忍是也汝若未得如是之時努力努力勤加用功功成自
會所以會者一切處無心卽是會言無心者無假不眞也假

者。愛憎心是也。眞者。無愛憎心是也。但無愛憎心。卽是二性空。二性空者。自然解脫也。問。爲只坐用行時亦得爲用否。答。今言用功者。不獨言坐。乃至行坐住臥所造運爲。一切時中。常用無間。卽名常住也。問。方廣經云。五種法身。一實相法身。二功德法身。三法性法身。四應化法身。五虛空法身。於自己身中。何者是。答。知心不壞。是實相法身。知心含萬像。是功德法身。知心無心。是法性法身。隨根應說。是應化法身。知心無形不可得。是虛空法身。若了此義者。卽知無證也。無得無證者。卽是證佛法法身。若有證有得以爲證者。卽邪見。增上慢人也。名爲外道。何以故。維摩經云。舍利弗。問天女曰。我無得無證。乃得如是。若有得有證。即於佛法中。爲增上慢人也。問。經云等覺。云何是等覺。云何是妙覺。答。即色即空。名爲等覺。二性空故。名爲妙覺。又云。無覺無無覺。名爲妙覺也。問。等覺與妙覺。爲別。爲無別。答。爲隨事方便。假立二名。本體是一。無二無別。乃至一切法皆然也。問。金剛經云。無法可說。是名說法。其義云何。答。般若體畢竟清淨。無有一物可得。是名無法可說。即於般若空寂體中。具恒沙之用。即無事不知。是名說法。故云無法可說。是名說法。問。若有善男子善女人受持讀誦此經。若爲人輕賤。是人先世罪業。應墮惡道。以今世人輕賤故。先世罪業。即爲消滅。當得阿耨多羅三藐三菩提。其義云何。答。只如有人。未遇大善知識。唯造惡業。清淨本心。被三毒無明所覆。不能顯了。故云爲人輕賤也。以今世人輕賤者。卽今日發心求佛道。爲無明滅盡。三毒不生。卽本心明朗。更無亂念。諸惡永滅。故。以今世人輕賤也。無明滅盡。亂念不生。自然解脫。故云常得菩提。卽發心時。名爲今世。非隔生也。又問。如來五眼者何。答。見色清淨。名爲肉眼。見體清淨。名爲天眼。於諸色境。乃至善惡。悉能微細分別。無所染着。於中自在。名爲慧眼。見無所見。名爲法眼。無見無無見。名爲佛眼。又云。大乘。最上乘。其義云何。答。大乘者。是菩薩乘。最上乘者。是佛乘。又問。云何修而得此乘。答。修菩薩乘者。卽是大乘。證菩薩乘。更不起觀。至無修處。湛然常寂。不增不減。名最上乘。即是佛乘也。問。涅槃經云。定多慧少。不離無明。定少慧多。增長邪見。定慧等故。即名解脫。其義如何。答。對一切善惡悉能分別。是慧。於所分別之處。不起愛憎。不隨所染。是定。即是定慧等用也。又問。無言無說。即名爲定。正言說之時。得名定否。答。今言定者。不論說與不說常定。何以故。爲用定性言說分別時。即言說分別亦定。若以空心觀色時。亦空。若不觀色不說不分別時亦空。乃至見聞覺知亦復如是。何以故。爲自性空。即於一切處悉空。空即無着。無着即是等用。爲菩薩常如是用等空之法。得至究竟。故云定慧等者。即名解脫也。今更爲汝譬喩顯示。今汝惺惺得解斷疑。譬如明鑑照像之時。其明動否。不也。不照時亦動否。不也。何以故。爲明鑑用無情明照。所以照時不動。不照時亦不動。何以故。爲無情之中。無有動者。亦無不動者。又如日光照世之時。其光動否。不也。若不照時動否。不也。何以故。爲光無情。故用無情光照。所以不動。不照亦不動。照者是慧。不動者是定。菩薩用是定慧等法。得證菩提。故云定慧等用。卽是解脫也。今言無情者。無凡情。非無聖情也。問。云何是凡情。云何是聖情。答。若起二性。卽是凡情。二性空故。卽是聖情。問。經云。言語道斷。心行處滅。其義如何。答。以言顯義。得義言絕。義卽是空。空卽是道。道卽是絕言。故云言語道斷。心行處滅。謂得義實際。更不起觀。不起觀故。即是無生。以無生故。即一切色性空。色性空故。即萬緣俱絕。萬緣俱絕者。即是心行處滅。消如如者云何。答。如如是不動義。心眞如故。名如如也。是知過去諸佛行此行。亦得成道。現在佛行此行。亦得成道。未來佛行此行。亦得成道。三世所修證道無異。故名如如也。維摩經云。諸佛亦如也。至於彌勒亦如也。乃至一切衆生。悉皆如也。何以故。爲佛性不斷。有性故也。問。即色即空。即凡即聖。是頓悟否。答。是。問云何是即色即空。云何是即凡即聖。答。心有染即色。心無染即空。心有染即凡。心無染即聖。又云。眞空妙有故即色。色不可得故即空。今言空者。是色性自空。非色滅空。今言色者。是空性自色。非色能色也。問。經云。盡無盡法門如何。答。爲二性空故。見聞無生是盡。盡者諸漏盡。無盡者。於無生體中具恒沙妙用。隨事應現。悉皆具足。於本體中。亦無損滅。是名無盡。卽是盡無盡沙門也。問。盡與無盡。爲一爲別。答。體是一。說卽有別。問。體旣是一。云何說別。答。一者是說之體。說是體之用。爲隨事應用。故云體同說別。喻如天上一日。下置種種盆器盛水。一一器中。皆有於日。諸器中日。悉皆圓滿。與天上日。亦無差別。故云體同。爲隨器立名。卽有差別。所以有別。故云體同。說卽有別。所現諸日。悉皆圓滿。於上本日。亦無損滅。故云無盡也。問。經云。不生不滅何法不生。何法不滅。答不善不生。善法不滅。問。何者善。何者不善。答。不善者。是染漏心。善法者是無染漏心。但無染無漏。即是不善不生。得無染無漏時。即清淨圓明。湛然常寂。畢竟不遷。是名善法不滅也。此即是不生不滅。問。菩薩戒經云。衆生受佛戒。即入諸佛位。位同大覺已。眞是諸佛子。其義云何。答。佛戒者清淨心是也。若有人發心修行清淨行得無所受心者。名受佛戒也。過去諸佛。皆修清淨無受行。得成佛道。今時有人發心修無受清淨行者。即與佛功德等用。無有異也。故云入諸佛位也。如是悟者與佛悟同故云位同大覺已眞是諸佛子。從清淨心生智。智清淨。名爲諸佛子。亦名眞佛子。問。只是佛之與法。爲是佛在先。爲是法在先。若法在先。法是何佛所說。若佛在先。承何教而成道。答。佛亦在法先。亦在法後。問。因何法佛有先後。答。若據寂滅法。是法先佛後。若據文字法。是佛先法後。何以故。一切諸佛。皆因寂滅法而得成佛。卽是法先佛後。經云。諸佛所師所以法也。得成佛道。然始廣說十二部經。引化衆生。衆生承佛法修得成佛道。卽是佛先法後也。問。云何是說通。宗不通。答。言行相違。卽是說通。宗不通。問。云何是宗通。說亦通。答。言行無差。卽是說通。宗亦通。問。經云。到不到。不到到之法。云何。答。說到。行不到。名爲到不到。行到。說不到。名爲不到到。行說俱到。名爲到到。問。佛法不盡有爲。不住無爲。何者是不盡有爲。何者是不住無爲。答。不盡有爲者。從初發心。至菩提樹下。成等正覺。後至雙林。入般涅槃。於中一切法。悉皆不捨。卽是不盡有爲也。不住無爲者。雖修無念。不以無念爲證。雖修空。不以空爲證。雖修菩提涅槃無相無作。不以無相無作爲證。卽是不住無爲也。問。爲地獄爲無地獄。答。亦有亦無。問。云何亦有亦無。答。爲隨心所造一切惡業。卽有地獄。若無心染。自性空故。卽無地獄。問。受罪衆生。有佛性否。答。亦同佛性。問。既有佛性。正入地獄時。佛性同入否。答。不同入。問。正入之時。佛性復在何處。答。亦同入。問。既同入。正入之時。衆生受罪。佛性亦同受罪否。答。佛性雖隨衆生同入。是衆生自受罪。若佛性元來不受。問。既同入。因何不受。答。衆生者是有相。有相者即有成壞。佛性者是無相。無相者即是空性也。是故眞空之性。無有壞者。喻如有人於空積薪。薪自受壞。空不受壞也。空喻佛性。薪喻衆生。故云同入。而不同受也。問。轉八識成四智。束四智成三身。幾個識共成一智。幾個識獨成一智。答。眼耳鼻舌身。此五識共成成所作智。第六是意。獨成妙觀察智。第七心識。獨成平等性智。第八含藏識。獨成大圓鏡智。問。此四智爲別爲同。答。體同名別。問。體既同。云何名別。既隨事一名。正一體之時。何者是大圓鏡智。答。湛然空寂圓明不動。即大圓鏡智。能對諸塵不起愛憎。即是二性空。二性空。即平等性智。能入諸根境界。善能分別。不起亂想而得自在。即是妙觀察智。能令諸根隨事應用。悉入正受無二相者。即是成所作智。問。束四智成三身者。幾個智共成一身。幾個智獨成一身。答。大圓鏡智。獨成法身。平等性智。獨成報身。妙觀察智。與成所作智。共成化身。此三身。亦假立名字分別。只令未解者看。若了此理。亦無三身應用。何以故。爲體性無相。從無住本立。亦無無住本。問。云何是見佛眞身。答。不見有無。即是見佛眞身。問。云何不見有無即是見佛眞身。答。有因無立。無因有顯。本不立有。無亦不存。既不存無。有從何得。有之與無。相因始有。旣相因而有。悉是生滅也。但推此二見。即是見佛眞身。問。只如有無。尚不可交建立。眞身復從何而立。答。爲有問故。若無問時。眞身之名亦不可立。何以故。譬如明鏡。若對物像時。即現像。若不對像時。終不現像。問。云何是常不離佛。答。心無起滅。對鏡寂然。一切時中。畢竟空寂。即是常不離佛。問。何者是無爲法。答。有爲是。問。今問無爲法。因何答有爲是。答。有因無立。無因有顯。本不立有。無從何生。若論眞無爲者。即不取有爲。亦不取無爲。是眞無爲法也。何以故。經云。若取法相。即着我人。是故不應取法。不應取非法。即是取眞法也。若了此理。即眞解脫。即會不二法門。問。何者是中道義。答。邊義是。問。今問中道。因何答邊義是。

答。邊因中立。中因邊生。本乃無邊中從何有。今言中者。因邊始有。故知中之與邊。相因而立。悉見無常。色受想行識。亦復如是。問。何名五蔭等。答。對色染色。隨色受生。名爲色蔭。爲領納入八風。好集邪信。即隨領受中生。名爲受蔭。迷心取想。隨想受生。名爲想蔭。結集諸行。隨行受生。名爲行蔭。於平等體。妄起分別。繫着虛識。受生名爲識蔭。故云五蔭。問。經云二十五有。何者是。答。受後有身是也。後有身者。即六道受生者。爲衆生現世心迷。好結諸業。後即隨業受生。故云後有也。世若有人。志修究竟解脫。證無生法忍者。即永離三界。不受後有。不受後有者。即證法身。法身者。即是佛身。問。二十五有名云何分別。答。本體是一。爲隨用立名。顯二十五有。二十五有者。十惡十善五陰是。問。云何是十惡十善。答。十惡者。乃是殺盜婬妄言綺語惡口兩舌乃至貪瞋邪見此名十惡十善者。但不行十惡。卽是也。問。上說無念由未盡決。答。無念者。一切處無心是。無一切境界無餘思求是。對諸境色。永無起動是卽無念。無念者。是名眞念也。若以念爲念者。卽是邪念非爲正念。何以故。經云。若教人六念。名爲非念。有六念。名爲邪念。無六念者。卽眞念。經云。善男子。我等住於無念法中。得如是金色三十二相。放大光明。照無餘世界。不可思議功德。佛說之猶不盡。何況餘乘能知也。得無念者。六根無染故自然得入諸佛知見。得如是者。卽名佛藏。亦名法藏。卽能一切佛一切法。何以故。爲無念故。經云。一切諸佛等。皆從此經出。問。旣稱無念。入佛知見。復從何立。答。從無念立。何以故。經云。從無住本立一切法。又云。喻如明鏡。鏡中雖無像。而能現萬像。何以故。爲明鏡故能現萬像。學人爲心無染故。妄念不生。人我心滅。畢竟淸淨。以淸淨故。能生無量知見。頓悟者不離此生。卽得解脫。何以知之。譬如獅子兒。初生之時。卽眞獅子。修頓悟者。亦復如是。卽修之時。卽入佛位。如竹春生笋。不離於春。卽與毋齊。等無有異。何以故。爲心空故。修頓悟者亦復如是。爲頓除妄念。永絕我人。畢竟空寂。卽與佛齊等無有異。故云。卽凡即聖也。修頓悟者。不離此身。即超三界。經云。不壞世間而超世間。不捨煩惱而入涅槃。不修頓悟者。猶如野干。隨逐獅子。經百千劫。終不得成獅子。又問。眞如之性爲實空。爲實不空。若言不空。即是有相。若言空者即是斷滅。一切衆生。當依何修。而得解脫。答。眞如之性。亦空。亦不空。何以故。眞如妙體。無形無相。不可得也。是名亦空。然於空無相體中。具足恒沙之用。即無事不應。是名亦不空。經云。解一即千從。迷一即萬惑。若人守一。萬事則畢。是悟道之妙也。經云。森羅及萬像一法之所印。云何一法中。而生種種見。如此功業。由行爲本。若不降心。而入取證。無有是處。自誑誑他。彼此俱墜。努力努力。

仔細審之。只是事來不受。一切處無心。得如是見。是入涅槃。證無生法忍。亦名不二法門。亦名無異。亦名一行三昧。何以故。畢竟清淨。無我人故。不受愛憎。是二性空。是無所見。卽是眞如。無得之辯。此論不傳無信。唯傳同見同行。當觀前人有誠信心。堪任不退者。如是之人。乃可爲說。示之令悟。吾作此論。爲有緣人。非求名利。只如諸佛所說。千經萬論。只爲衆生迷故。心行不同。隨邪應說。卽有差別。如論究竟解脫理者。只是事來不受。一切處無心。永寂如空。畢竟清淨。自然解脫。汝莫求虛名。口說眞如。心似猿猴。卽言行相違。名爲自誑。當墮惡道。莫求一世虛名快樂。不覺長劫受殃。努力努力。衆生自度。佛不能度。若佛能度眾生時。過去諸佛如微塵數。一切眾生總應度盡。何故我等至今流浪生死不得成佛。當知眾生自度。佛不能度。努力自修。莫倚佛力。經云。夫求法者。不着佛求。問。於來世中多有雜學之徒。云何共住。答。但和其光。不同其業。同處不同住。經云。隨流而性常也。只如學道者。自爲大事因緣解脫之事。俱勿輕末學。敬學如佛。不高已德。不嫉彼能。自察於行。不舉他過。於一切處。悉無妨礙。自然快樂也。重說偈云。

忍辱第一道　先須除我人　事來無所受　即眞菩提心

金剛經云。菩薩無我法者。如來說名眞是菩薩。又云。不取即不捨。永斷於生死。一切處無心。即名諸佛子。涅槃經云。如來證涅槃。永斷於生死。偈曰。

我今意況大好　他人罵時無惱　無言不說是非
涅槃生死同道　識達自家本宗　猶來無有青皂
一切妄想分別　將知世人不了　寄言凡夫末代
除卻心中藁草

又

我今意況大寬　不語無事心安　從容自在解脫
東西去易不難　終日無言寂寞　念念向理思看
自然逍遙見道　生死定不相干

又

我今意況大奇　不向世上侵欺　榮華摠是虛誑

弊衣粗食充饑　道逢世人懶語　世人咸說我癡

外現瞪瞪暗鈍　心中明若琉璃　默契羅睺密行

非汝凡夫所知

吾恐汝等。不會了眞解脫理。再示汝等。問。維摩經云。欲得淨土。當淨其心。云何是淨心。答。以畢竟淨爲淨。問。云何是畢竟淨。爲淨。答。無淨。無無淨。卽是畢竟淨。問。云何是無淨。無無淨。答。一切處無心是淨。得淨之時。不得作淨想。卽名無淨也。得無淨時。亦不得作無淨想。卽是無淨。無無淨也。問。修道者以何爲證。答。畢竟證。爲證。問。云何是畢竟證。答。無證。無無證。是名畢竟證。問。云何是無證。云何是無無證。答。於外不染色聲等。於內不起妄念心。得如是者。卽名爲證。得證之時。不得作證想。卽名無證也。得此無證之時。亦不得作無證想。是名無證。卽名無無證也。問。云何解脫心。答。無解脫心。亦無無解脫心。卽名眞解脫心也。經云。法尙應捨。何況非法也。法者是有。非法是無也。但不取有無。卽名眞解脫。問。云何得道。答。以畢竟得。爲得。問。云何是畢竟得。答。無得無無得。是名畢竟得。問。云何是畢竟空。答。無空無無空。卽名畢竟空。問。云何是眞如定。答。無定無無定。卽名眞如定。經云。無有定法。名阿耨多羅三藐三菩提。亦無定法如來可說。經云。雖修空。不以空爲證。不得作空想。卽是也。雖修定。不以定爲證。不得作定想。卽是也。雖得淨。不以淨爲證。不得作淨想。卽是也。若得定。得淨。得一切處無心之時。卽作得如是想者。皆是妄想。卽被繫縛。不名解脫。若得如是之時。了了自知得自在。卽不得將此爲證。亦不得作如是想時得解脫。經云。若起精進心。是妄。非精進也。若能心不妄。精進無有涯。問。云何是中道。答。無中間。亦無二邊。卽中道也。云何是二邊。答。爲有彼心。有此心。卽是二邊。云何名彼心此心。答。外縛色聲。名爲彼心。內起妄念。名爲此心。若於外不染色。卽名無彼心。內不生妄想。卽名無此心。此非二邊也。心既無二邊。中亦何有哉。得如是者。卽名中道。眞如來道。如來道者。卽一切覺人解脫也。經云。虛空無中邊。諸佛身亦然。然一切色空者。卽一切處無心也。一切處無心者。卽一切色性空。二義無別。亦名色空。亦名色無法也。汝莫離一切處無心。得菩提解脫涅槃寂滅禪定見性者。非也。一切處無心者。卽修菩提解脫涅槃寂滅禪定。乃至六度。皆見性處。何以故。金剛經云。無有少法可得。是名阿耨多羅三藐三菩提也。問。若有修一切諸行具足成就。得受記否。答。不得。問。若以一切法無修。得成就得受記否。答。不得。問。若恁麼時。當以何法。而得受記也。答。不以有行。亦不以無行。卽得受記。何以故。維摩經云。諸行性相。悉皆無常。涅槃經云。佛告迦葉。諸行是常。無有是處。汝但一切處無心。即無有行。亦無無行。即名受記。所言一切處無心者。無憎愛心是。言憎愛者。見好事不起愛心。即名無愛心也。見惡事亦不起憎心。即名無憎心也。無愛者。即名無染心。即是色性空也。色性空者。即是萬緣俱絕。萬緣俱絕者。自然解脫。汝細看之。若醒了時。即須早問。勿使空過。汝等若依此教修。不解脫者。吾即終身為汝受大地獄。吾若誑汝者。吾當所生處。為獅子虎狼所食。汝若不依教。自不勤修。即無知也。一失人身。萬劫不復。努力努力。須合知爾。

○黃檗希運禪師 示衆

師謂休曰。諸佛與一切衆生。唯是一心。更無別法。此心無始已來。不曾生。不曾滅。不靑不黃。無形無相。不屬有無。不計新舊。非長非短。非大非小。超過一切限量名言蹤跡對待。當體便是。動念卽乖。猶如虛空。無有邊際。不可測度。

○唯此一心卽是佛。佛與衆生。更無別異。但是衆生着相外求。求之轉失。使佛覓佛。將心捉心。窮劫盡形。終不能得。不知息念忘慮。佛自現前。

○此心卽是佛。佛卽是衆生。爲衆生時。此心不減。爲諸佛時。此心不添。乃至六度萬行。河沙功德。本自具足。不假修添。遇緣即施。緣息即寂。若不決定信此是佛。而欲著相修行以求功用。皆是妄想。與道相乖。

○此心即是佛。更無別佛。亦無別心。此心明淨。猶如虛空。無一點相貌。舉心動念。即乖法體。即為著相。無始已來。無著相佛。修六度萬行。欲求成佛。即是次第。無始已來。無次第佛。但悟一心。更無少法可得。此即真佛。

○造惡造善。皆是著相。著相造惡。枉受輪迴。著相造善。枉受勞苦。總不如言下便自認取本法。此法即心。心外無法。此心即法。法外無心。心自無心。亦無無心者。將心無心。心却成有。默契而已。絕諸思議。故曰言語道斷。心行處滅。

○此心是本源清淨佛。人皆有之。蠢動含靈。與諸佛菩薩一體不異。秖為妄想分別。造種種業果。本佛上實無一物。虛通寂靜明妙安樂而已。深自悟入。直下便是圓滿具足。更無所欠。縱使三祇精進修行。歷諸地位。及一念證時。秖證元來自佛向上更不添得一物。

○卻觀歷劫功用。總是夢中妄為。故如來云。我於阿耨菩提實無所得若有所得。然燈佛。則不與我授記。又云。是法平等。無有高下。是名菩提。卽此本源清淨心。與眾生諸佛世界山河。有相無相。偏十方界一切平等。無彼我相。此本源清淨心常自圓明偏照。世人不悟。秖認見聞覺知為心。為見聞覺知所覆。所以不覩精明本體。但直下無心本體自現。如大日輪昇於虛空。徧照十方。更無障礙。故學道人唯認見聞覺知。施爲動作。空卻見聞覺知。卽心路絕無入處。但於見聞覺知處認本心。然本心不屬見聞覺知。亦不離見聞覺知。但莫於見聞覺知上起見解。亦莫於見聞覺知上動念。亦莫離見聞覺知覓心。亦莫捨見聞覺知取法。不卽不離。不住不著。縱橫自在。無非道場。

○學道人莫疑四大爲身。四大無我我亦無主。故知此身無我亦無主。五陰爲心。五陰無我亦無主。故知此心無我亦無主。六根六塵六識和合生滅亦復如是。十八界既空。一切皆空。

唯有本心蕩然清淨。

○學道人。若欲得知要訣。但莫於心上著一物。言佛眞法身猶若虛空此是喻法身卽虛空虛空卽法身。常人謂法身徧虛空處。虛空中含容法身。不知法身卽虛空。虛空卽法身也。若定言有虛空。虛空不是法身。若定言有法身。法身不是虛空。但莫作虛空解。虛空卽法身。莫作法身解。法身卽虛空。虛空與法身無異相。佛與衆生無異相。生死與涅槃無異相。煩惱與菩提無異相。離一切相卽是佛。

○凡夫取境。道人取心。心境雙忘。乃是眞法。忘境猶易。忘心至難。人不敢忘心。恐落空。無撈摸處。不知空本無空。唯一眞法界耳。

○爲有貪瞋癡。卽立戒定慧。本無煩惱焉有菩提。故祖師云。佛說一切法。爲除一切心。我無一切心。何用一切法。本源淸淨佛上更不著一物。譬如虛空。雖以無量珍寶莊嚴終不能住。佛性同虛空。雖以無量功德智慧莊嚴。終不能住。但迷本性轉不見耳。

○所謂心地法門。萬法皆依此心建立。遇境卽有。無境卽無。不可於淨性上轉作境解。所言定慧鑑用。歷歷寂寂惺惺。見聞覺知皆是境上作解。暫爲中下根人說卽得。若欲親證。皆不可作如此見解。

○學般若人。不見有一法可得。絕意三乘。唯一眞實。不可證得謂我能證能得。皆增上慢人。法華會上拂衣而去者皆斯徒也。故佛言我於菩提。實無所得。默契而已。

○凡人多爲境礙心。事礙理。常欲逃境以安心。屏事以存理。不知乃是心礙境。理礙事。但令心空境自空。但令理寂事自寂。勿倒用心也。

○凡人多不肯空心。恐落於空。不知自心本空。愚人除事不除心。智者除心不除事。菩薩心如虛空。一切俱捨。所作福德皆不貪著。然捨有三等。內外身心一切俱捨。猶如虛空。無所取著。然後隨方應物。能所皆忘。是爲大捨。若一邊行道布德一邊旋捨無希望心。是爲中捨。若廣修衆善。有所希望。聞法知空遂乃不著。是爲小捨。大捨如火燭在前。更無迷悟。中捨如火燭在旁。或明或暗。小捨如火燭在後。不見坑穽。故菩薩心如虛空。一切俱捨。過去心不可得。是過去捨。現在心不可得。是現在捨。未來心不可得。是未來捨。所謂三世俱捨。

○自如來付法迦葉已來。以心印心。心心不異。印著空。卽印不成文。印著物。卽印不成法。故以心印心。心心不異。能印所印。俱難契會。故得者少。然心卽無心。得卽無得。

○佛有三身。法身。說自性虛通法。報身。說一切淸淨法。化身。說六度萬行法。法身說法。不可以言語音聲形相文字而求。無所說無所證。自性虛通而已。故曰。無法可說。是名說法。報身。化身。皆隨機感現所說法。亦隨事應根以爲攝化。皆非眞法。故曰。報化非眞佛。亦非說法者。

○問。如何是道。如何修行。師云。道是何物。汝欲修行。問。諸方宗師相承叅禪學道如何。師云。引接鈍根人語。未可依憑。云此卽是引接鈍根人語。未審接上根人復說何法。師云。若是上根人何處更就人覓。他自己尚不可得。何況更別有法當情。不見教中云。法法何狀。云。若如此。則都不要求覓也。師云。若與麼。則省心力。云。如是則渾成斷絕。不可是無也。師云。阿誰教他無。他是阿誰。你擬覓他。云。既不許覓。何故又言莫斷他。

師云。若不覓卽便休。誰敎你斷。你見目前虛空作麼生斷他。云此法可得便同虛空否。師云。虛空早晚向你道有同有異。我暫如此說。你便向者裏生解。云應是不與人生解耶。師云。我不曾障你。要且解屬於情。情生則智隔。云向者裏莫生情是否。師云。若不生情。阿誰道是。

○我此禪宗。從上相承已來。不曾教人求知求解。只云學道早是接引之詞。然道亦不可學。情存學解。卻成迷道。道無方所。名大乘心。此心不在內外中間。實無方所。第一不得作知解。秖是說汝如今情量處。情量若盡。心無方所。此道天眞。本無名字。

○但無一切心。卽名無漏智。汝每日行住坐臥。一切言語。但莫著有爲法。出言瞬目。盡同無漏。如今末法向去。多是學禪道者。皆著一切聲色。何不與我心心同虛空去。如枯木石頭去。如寒灰死火去。方有少分相應。若不如是。他日盡被閻老子拷你在。你但離卻有無諸法。心如日輪常在虛空。光明自然不照而照。不是省力底事。到此之時無棲泊處。卽是行諸佛行。便是應無所住而生其心。此是你淸淨法身。名爲阿耨菩提。若不會此意。縱你學得多知。勤苦修行。草衣木食。不識自心。盡名邪行。定作天魔眷屬。如此修行。當復何益。志公云。佛本是自心作。那得向文字中求。饒你學得三賢四果十地滿心也。秪是在凡聖內坐。不見道。諸行無常是生滅法。勢力盡箭還墜。招得來生不如意。爭似無爲實相門。一超直入如來地。爲你不是與麼人。須要向古人建化門廣學知解。志公云。不逢出世明師。枉服大乘法藥。你如今一切時中行住坐臥。但學無心。久久須實得。爲你力量小。不能頓超。但得三年五年或十年。須得個人頭處。自然會去。爲你不能如是。須要將心學禪學道。佛法有什麼交涉。故云。如來所說皆爲化人。如將黃葉爲金。止小兒啼。決定不實。若有實得。非我宗門下客。且與你本體有甚交涉。故經云。實無少法可得。名爲阿耨菩提。若也會得此意。方知佛道魔道俱錯。本來淸淨皎皎地。無方圓無大小。無長短等相。無漏無爲。無迷無悟。了了見無一物。亦無人亦無佛。大千沙界海中漚。一切聖賢如電拂。一切不如心眞實。法身從古至今與佛祖一般。何處欠少一毫毛。旣會如是意。大須努力。盡今生去出息不保入息。

○問。妄能障自心。未審而今以何遣妄。師云。起妄遣妄亦成妄。妄本無根。秖因分別而有。你但於凡聖兩處情盡。自然無妄。更擬若爲遣他。都不得有纖毫依執。名爲我捨兩臂必當得佛。云。旣無依執當何相承。師云。以心傳心。云。若心相傳云何言心亦無。師云。不得一法。名爲傳心。若了此心卽是無心無法。云。若無心無法云何名傳。師云。汝聞道傳心。將謂有可得也。所以祖師云。認得心性時。可說不思議。了了無所得。得時不說知。此事若教汝會何堪也。

問。六祖不會經書。何得傳衣為祖。秀上座是五百人首座。為教授師。講得三十二本經論。云何不傳衣。師云。為他有心是有為法。所修所證將為是也。所以五祖付六祖。六祖當時秖是默契得密授如來甚深意。所以付法與他。汝不見道。法本法無法。無法法亦法。今付無法時。法法何曾法。若會此意。方名出家兒。方好修行。若不信。云何明上座。走來大庾嶺頭尋六祖。六祖便問。汝來求何事。為求衣為求法。明上座云。不為衣來。但為法來。六祖云。汝且暫時斂念。善惡都莫思量。明乃稟語。六祖云。不思善。不思惡。正當與麼時。還我明上座父母未生時面目來。明。於言下忽然默契。便禮拜云。如人飲水。冷煖自知。某甲在五祖會中。枉用三十年工夫。今日方省前非。六祖云。如是。到此之時。方知祖師西來。直指人心。見性成佛。不在言說。豈不見阿難問迦葉。云世尊傳金襴外別傳何物。迦葉召阿難。阿難應諾。迦葉云。倒卻門前刹竿著。此便是祖師之標榜也。甚生阿難三十年為侍者。秖為多聞智慧被佛訶。云汝千日學慧。不如一日學道。若不學道。滴水難消。

問。聖人無心即是佛。凡夫無心莫沉空寂否。師云。法無凡聖。亦無沉寂。法本不有。莫作無見。法本不無。莫作有見。有之與無盡是情見。猶如幻翳。所以云見聞如幻翳。知覺乃衆生。祖師門中。只論息機忘見。所以忘機則佛道隆。分別則魔軍熾。

問。心旣本來是佛。還修六度萬行否。師云。悟在於心。非關六度萬行。六度萬行盡是化門。接物度生邊事。設使菩提眞如實際解脫法身。直至十地四果聖位。盡是度門。非關佛心。心卽是佛。所以一切諸度門中。佛心第一。但無生死煩惱等心。卽不用菩提等法。所以道佛說一切法。度我一切心。我無一切心。何用一切法。從佛至祖。竝不論別事。唯論一心。亦云一乘。所以十方諦求。更無餘乘。此衆無枝葉。唯有諸貞實。所以此意難信。達磨來此土。至梁魏二國。秖有可大師一人。密信自心言下便會。卽心是佛。身心俱無。是名大道。大道本來平等。所以深信含生同一眞性。心性不異。卽性卽心。心不異性。名之爲祖。所以云認得心性時。可說不思議。

問。佛度衆生否。師云。實無衆生如來度者。我尚不可得非我何可得。佛與衆生皆不可得。云。現有三十二相。及度衆生。何得言無。師云。凡所有相。皆是虛妄。若見諸相非相。卽見如來。佛與衆生盡是汝作妄見。秖爲不識本心。謾作見解。纔作佛見。便被佛障。作衆生見。被衆生障。作凡作聖作淨作穢等見。盡成其障。障汝心故。總成輪轉。猶如獮猴放一捉一。無有歇期。一等是學。直須無學。無凡無聖。無淨無垢。無大無小。無漏無爲。如是一心中方便勤莊嚴。聽汝學得三乘十二分教。一切見解。總須捨卻。所以除去。所有唯置一牀寢疾而臥。秪是不起諸見。無一法可得。不被法障。透脫三界凡聖境域。始得名爲出世佛。所以云。稽首如空無所依。出過外道。心既不異。法亦不異。心既無爲。法亦無爲。萬法盡由心變。所以我心空故諸法空。千品萬類悉皆同。盡十方空界。同一心體。心本不異。法亦不異。秖爲汝見解不同。所以差別。譬如諸天共寶器食。隨其福德。飯色有異。十方諸佛。實無少法可得。名爲阿耨菩提。秖是一心。實無異相。亦無光彩。亦無勝負。無勝故無佛相。無負故無衆生相。云。心既無相。豈得全無三十二相八十種好。化度衆生耶。師云。三十二相屬相。凡所有相皆是虛妄。八十種好屬色。若以色見我。是人行邪道。不能見如來。故祖師直指一切衆生本心本體本來是佛。不假修成。不屬漸次。不是明暗。不是明故無明。不是暗故無暗。所以無無明。亦無無明盡。入我此宗門切須在意。如此見得名之爲法見法故名之爲佛。佛法俱無。名之爲僧。喚作無爲僧。亦名一體三寶。夫求法者。不著佛求。不著法求。不著衆求。應無所求。不著佛求故無佛。不著法求故無法。不著衆求故無僧。

○問和尚見今說法。何得言無僧亦無法。師云。汝若見有法可說。卽是以音聲求。我若見有我卽是處所。法亦無法。法卽是心。所以祖師云。付此心法時。法法何曾法。無法無本心。始解心心法。實無一法可得。名坐道場。道場者。秖是不起諸見。悟法本空。喚作空如來藏。本來無一物。何處有塵埃。若得此中意。逍遙何所論。

問。本來無一物。無物便是否。師云。無亦不是。菩提無是處。亦無無知解。

問。何者是佛。師云。汝心是佛。佛即是心。心佛不異。故云即心即佛。若離於心。別更無佛。云。若自心是佛。祖師西來如何傳授。師云。祖師西來。唯傳心佛。直指汝等心本來是佛。心心不異。故名爲祖。若直下見此意。即頓超三乘一切諸位。本來是佛。不假修成。云若如此。十方諸佛出世。說於何法。師云。十方諸佛出世。秖共說一心法。所以佛密付與摩訶大迦葉。此一心法體盡虛空。徧法界。名爲諸佛。理論者個法。豈是汝於言句上解得他。亦不是於一機一境上見得他。此意唯是默契。得者一門。名爲無爲法門。若欲會得。但知無心。忽悟卽得。若用心擬學取卽轉遠去。若無歧路心。一切取捨心。心如木石。始有學道分。云。如今現有種種妄念。何以言無。師云。妄本無體。卽是汝心所起。汝若識心是佛。心本無妄。那得起心更認於妄。汝若不生心動念。自然無妄。所以云。心生則種種法生。心滅則種種法滅。云。今正妄念起時。佛在何處。師云。汝今覺妄起時。覺正是佛。可中若無妄念。佛亦無。何故如此。爲汝起心作佛見。便謂有佛可成。作衆生見。便謂有衆生可度。起心動念。總是汝見處。若無一切見。佛有何處所。如文殊纔起佛見。便貶向二鐵圍山。云。今正悟時。佛在何處。師云。問從何來。覺從何起。語默動靜。一切聲色。盡是佛事。何處覓佛。不可更頭上安頭。嘴上加嘴。但莫生異見。山是山。水是水。僧是僧。俗是俗。山河大地。日月星辰。總不出汝心。三千世界。都來是汝個自己。何處有許多般。心外無法。滿目青山。虛空世界。皎皎地。無絲髮許與汝作見解。所以一切聲色。是佛之慧目。法不孤起。仗境方生。爲物之故。有其多智。終日說。何曾說。終日聞何曾聞。所以釋迦四十九年說。未嘗說著一字。云。若如此何處是菩提。師云。菩提無是處。佛亦不得菩提。衆生亦不失菩提。不可以身得。不可以心求。一切衆生即菩提相。云。如何發菩提心。師云。菩提無所得。你今但發無所得心。決定不得一法。即菩提心。菩提無住處。是故無有得者。故云我於然燈佛所。無有少法可得。佛即與我授記。明知一切衆生本是菩提。不應更得菩提。你今聞發菩提心。將謂一個心學取佛去。唯擬作佛。任你三祇劫修。亦秖得個報化佛。與你本源眞性佛有何交涉。故云。外求有相佛。與汝不相似。

問。本既是佛。那得更有四生六道。種種形貌不同。師云。諸佛體圓。更無增減流入六道。處處皆圓。萬類之中。個個是佛。譬如一團水銀。分散諸處。顆顆皆圓。若不分時。秪是一塊。此一即一切。一切即一。種種形貌。喻如屋舍。捨驢屋入人屋。捨人身。至天身。乃至聲聞圓覺菩薩佛屋。皆是汝取捨處。所以有別。本源之性。何得有別。

○問。諸佛如何行大慈悲。為衆生說法。師云。佛慈悲者無緣。故名大慈悲。慈者不見有佛可成。悲者不見有衆生可度。其所說法無說無示。其聽法者。無聞無得。譬如幻士。為幻人說法。者個法。若為道我從善知識言下領得會也悟也。者個慈悲若為汝起心動念學得他見解。不是自悟本心。究竟無益。

問。若無心行此道得否。師云。無心便是行此道。更說什麼得與不得。且如瞥起一念便是境。若無一念便是境忘心自滅。無復可追尋。

○問。如何是出三界。師云。善惡都莫思量。當處便出三界。如來出世爲破三有。若無一切心。三界亦非有。如一微塵破爲百分。九十九分是無。一分是有。摩訶衍不能勝出。百分俱無。摩訶衍始能勝出。

○即心是佛。上至諸佛。下至蠢動含靈。皆有佛性。同一心體。所以達磨從西天來。唯傳一心法。直指一切衆生本來是佛。不假修行。但如今識取自心。見自本性。更莫別求。云何識自心。

卽如今言語者。正是汝心。若不言語又不作用。心體如虛空相似。無有相貌。亦無方所。亦不一向是無。有而不可見。故祖師云。眞性心地藏。無頭亦無尾。應緣而化物。方便呼爲智。若不應緣之時。不可言其有無。正應之時。亦無蹤跡。旣知如此。如今但向無中棲泊。卽是行諸佛路。經云。應無所住而生其心。一切衆生。輪廻生死者。意緣走作。心於六道不停。致使受種種苦。淨名云。難化之人。心如猿猴。故以若干種法。制禦其心。然後調伏。所以心生種種法生。心滅種種法滅。故知一切諸法皆由心造。乃至人天地獄六道修羅。盡由心造。如今但學無心。頓息諸緣。莫生妄想分別。無人無我。無貪瞋。無憎愛。

無勝負。但除卻如許多種妄想。性自本來清淨。即是修行菩提法佛等。若不會此意。縱你廣學勤苦修行。木食草衣。不識自心皆名邪行。盡作天魔外道。水陸諸神。如此修行當復何益。志公云。本體是自心作。那得文字中求。如今但識自心息卻思惟。妄想塵勞。自然不生。淨名云。唯置一牀寢疾而臥。心不起也。如今臥疾攀緣都息。妄想歇滅。即是菩提。如今若心裏紛紛不定。任你學到三乘四果十地諸位。合殺秖向凡聖中坐。諸行盡歸無常。勢力皆有盡期。猶如箭射於空。力盡還墜。卻歸生死輪迴。如斯修行。不解佛意。虛受辛苦。豈非大錯。志公云。未逢出世名師。枉服大乘法藥。如今但一切時中。行住坐臥。但學無心。亦無分別。亦無依倚。亦無住著。終日任運騰騰。如癡人相似。世人盡不識你。你亦不用教人識不識。心如頑石頭。都無縫罅。一切法透汝心不入。兀然無著。如此始有少分相應。透得三界境過。名為佛出世。不漏心相。名為無漏智。不作人天業。不作地獄業。不起一切心。諸緣盡不生。即此身心是自由人。不是一向不生。秖是隨意而生。經云。菩薩有意生身是也。忽若未會無心著相而作者。皆屬魔業。乃至作淨土佛事。並皆成業。乃名佛障。障汝心故被因果管束。去住無自由分。所以菩提等法。本不是有。如來所說。皆是化人。猶如黃葉為金。權止小兒啼。故實無有法。名阿耨菩提。如今既會此意。何用區區。但隨緣消舊業。更莫造新殃。心裏明明。所以舊時見解。總須捨卻。淨名云。除去所有。法華云。二十年中。常令除糞。只是除去心中作見解處。又云。蠲除戲論之糞。所以如來藏。本自空寂。並不停留一法故經云。諸佛國土。亦復皆空。若言佛道是修學而得。如此見解。全無交涉。或作一機一境。揚眉動目。祇對相當。便道契會也。得證悟禪理也。忽逢一人不解。便道都無所知對他。若得道理。心中便歡喜。若被他折伏不如他。便即心懷惆悵。如此心意學禪有何交涉。任汝會得少許道理。秖得個心所法。禪道總沒交涉。所以達磨面壁。都不令人有見處。故云。忘機是佛道。分別是魔境。此性縱汝迷時亦不失。悟時亦不得。天眞自性本無迷悟。盡十方虛空界元來是我一心體。縱汝動用造作豈離虛空。虛空本來無大無小。無漏無爲無迷無悟。了了見無一物。亦無人亦無佛。絕纖毫的量。是無依倚。無粘綴一道淸流。是自性無生法忍。何有擬議。眞佛無口。不解說法。眞聽無耳。其誰聞乎。珍重。

預前若打不徹。臘月三十夜到來。管取你熱亂。有般外道。纔見人說做工夫。他便冷笑。猶有遮個在。我且問你。忽然臨命終時。你將何抵敵生死。你且思量看。卻有個道理。那得天生彌勒。自然釋迦。有一般閒神野鬼。纔見人有些少病。便與他人說。你只放下著。及至他有病又卻理會不下。手忙腳亂。爭奈你肉如利刀碎割。做主宰不得。萬般事須是閒時辦得下。忙時得用。多少省力。休待臨渴掘井。做手腳不辦。遮場狼籍。如何迴避。前路黑暗。信采胡鑽亂撞。苦哉苦哉。平日只學口頭三昧。說禪說道。喝佛罵祖。到遮裏都用不著。平日只管瞞人。爭知道今日自瞞了也。阿鼻地獄中決定放你不得。而今末法將沉。全仗有力量兄弟家負荷。續佛慧命。莫令斷絕。今時纔有一個半個行腳。只去觀山觀景。不知光陰能有幾何。一息不回。便是來生。未知甚麼頭面。嗚呼。勸你兄弟家趁色力康健時。討取個分曉處。不被人瞞底一段大事。遮些關捩子甚是容易。自是你不肯去下死志做工夫。只管道難了又難。好教你知那得樹上自生底木杓。你也須自去做個轉變始得。若是個丈夫漢。看個公案。僧問趙州。狗子還有佛性也無。州云無。但去二六時中看個無字。晝參夜參。行住坐臥著衣吃飯處。屙屎放尿處。心心相顧。猛著精彩。守個無字。日久月深。打成一片。忽然心華頓發。悟佛祖之機。便不被天下老和尚舌頭瞞。便會開大口。達磨西來。無風起浪。世尊拈花一場敗闕。到遮裏說甚麼閻羅老子。千聖尚不奈你何。不信道直有遮般奇特。爲甚如此。事怕有心人。

頌曰。塵勞迥脫事非常。緊把繩頭做一場。不是一翻寒徹骨。

爭得梅華撲鼻香。

百丈山涅槃和尚說大義

百丈山涅槃和尚一日謂衆曰。汝等與我開田。我與汝說大義。衆開田了。歸請說大義。師乃展兩手。衆罔措。

臨濟義玄禪師示衆

今時學佛法者。且要求眞正見解。若得眞正見解。生死不染。去住自由。不要求殊勝。殊勝自至。道流。只如自古先德。皆有出人底路。如山僧指示人處。只要你不受人惑。要用便用。更莫遲疑。如今學者不得。病在甚處。病在不自信處。你若自信不及。即便忙忙地。徇一切境。被他萬境回換。不得自由。你若能歇得念念馳求心。便與祖師不別。你欲識得祖師麼。只你面前聽法底是。學人信不及。便向外馳求。設求得者。皆是文字名相。終不得他活祖意。此時不遇。萬劫千生輪迴三界。狥好惡境。掇去驢牛肚裏生。道流。約山僧見處。與釋迦不別。每日多般用處。欠少甚麼。六道神光。未曾間歇。若能如是見得。卽是一生無事人。大德。三界無安。猶如火宅。此不是你久停住處。無常殺鬼。一剎那間。不擇貴賤老少。你要與祖佛不別。但莫外求。你一念清淨心光。是你屋裏法身佛。一念無分別心光。是你屋裏報身佛。一念無差別心光。是你屋裏化身佛。此三種身。是你卽今目前聽法底人。只爲不向外馳求。有此功用。若據經論家。取三種身爲極則約山僧見處不然。此三種身是名言。亦是三種依。古人云。身依義立土據體論法性身法性土。明知是光影。大德。你且識取弄影底人。是諸佛之本源。一切處是道流歸舍處。是你四大色身。不解說法聽法。脾胃肝膽。不解說法聽法。虛空不解說法聽法。是甚麼解說法聽法。是你目前歷歷底勿一個形段孤明。是者個解說法聽法。若如是見得。便與祖師不別。但一切時中。更莫間斷。觸目皆是。只爲情生智隔。想變體殊。所以輪迴三界受種種苦。約山僧見處。無不甚深。無不解脫。道流。心法無形。通貫十方。在目曰見。在耳曰聞。在鼻嗅香。在口談論。在手執捉。在足運奔。

本是一精明。分爲六和合。一心既無。隨處解脫。山僧恁麼說意在甚處。只爲道流一切馳求心不能歇。上他古人閒機境。道流。取山僧見處。坐斷報化佛頭。十地滿心猶如客作兒。等妙二覺擔枷鎖漢。羅漢辟支猶如厠穢。菩提涅槃如繫驢橛。何以如此。只爲道流不達三祇劫空。所以有此障礙。若是眞正道人。終不如是。但能隨緣消舊業。任運著衣裳。要行卽行。要坐卽坐。無一念心希求佛果。緣何如此。古人云。若欲作業求佛。佛是生死大兆。大德。時光可惜。秪擬傍家波波地學禪學道。認名認句。求佛求祖。求善知識意度。莫錯。道流。你只有一個父母。更求何物。你自返照看。古人云。演若達多失卻頭。

求心歇處即無事。大德。且要平常。莫作模樣。有一般不識好惡禿兵。便即見神見鬼。指東畫西。好晴好雨。如是之流。盡須抵債。向閻羅王前吞熱鐵丸有日在。好人家男女。被者般野狐精魅所著。便是捏怪瞎屢生。索飯錢有日在。道流。切要求取眞正見解。向天下橫行。免被這一般精魅惑亂。身心更莫造作。只是平常。你纔擬心。早是錯了也。且莫求佛。佛是名句。你還識馳求底麼。三世十方佛祖出來。也只爲求法。如今參學道流。也只爲求法。得法始了。未得依前輪廻五道。云何是法。法者是心法。心法無形。通貫十方。目前現用。人信不及。便乃認名認句。向文字中求其意度。與佛法天地懸隔。道流。山僧說法。說甚麼法。說心地法。便能入淨入穢。入凡入聖。入眞入俗。要且不是你眞俗凡聖能與一切眞俗凡聖安名。一切眞俗凡聖安者個名字不得。道流。把得便用。更莫安排。方契玄旨。山僧說法。與天下人別。只如有個文殊普賢出來目前各現一身問法。纔道咨和尚。我早辨了也。何以如此。只爲我見處別。外不取凡聖。內不住根本。見徹本法。更不疑謬。

○又云。道流。佛法無用功處。只是平常無事。著衣吃飯。屙矢送尿。困來卽臥。愚人笑我。智乃知焉。古人云。向外作工夫。總是癡頑漢。你且隨處作主。立處皆眞。一切境緣回換不得。縱有從來習氣。五無間業。皆爲解脫大海。今時學禪者。總不識法。

猶如觸鼻羊逢著物安在口裏。奴郎不辨。賓主不分。如是之流。邪心入道。卽不得名爲眞出家人。正是眞俗家人。夫出家者。須辨得平常眞正見解。辨佛辨魔。辨眞辨僞。辨凡辨聖。若如是辨得。名眞出家人。若魔佛不辨。正是出一家入一家。乃喚作造業衆生。未得名爲眞出家人。只如今有個佛魔同體。若明眼道流。魔佛俱打。你若愛聖憎凡。生死海裏沉浮。未有了日。時有僧問。如何是佛魔。乞垂開示。曰。你一念心疑處是佛魔。你若達得萬法無生。心如幻化。更無一塵一法。處處清淨。卽無佛魔。佛與衆生。是染淨二境。約山僧見處。無佛無衆生。無古無今。得者便得。不勒時節。亦無修證。無得無失。一切時中更無別法。設有一法過此。我說如夢如幻。山僧所說。只是道流現今目前孤明歷歷地聽法者。此人處處不滯。通徹十方。三界自在。入一切差別境不能回換。一刹那間透入法界。逢佛說佛。逢祖說祖。逢羅漢說羅漢。逢餓鬼說餓鬼。向一切處遊履國土。教化衆生。未曾離一念。隨處淸淨。光透十方。萬法一如。道流。大丈夫兒今日方知本來無事。只爲你信不及。念念馳求。捨頭覓頭。自不能歇。如圓頓菩薩。入法界現身。向淨土中。厭凡欣聖。如此之流。取捨未忘。染淨心在。如禪宗見解。又且不然。直如現今更無時節。山僧說處皆是一期藥病相治。總無實法。若如是見。是眞出家。日消萬兩黃金。道流。

莫取次。被諸方老師印破面門。道我解禪解道。辯似懸河。皆是造地獄業。若是眞正學道人。不見世間過。切急要求眞正見解。若達眞心。悟性圓明。方始了畢。問如何是眞正見解。乞再指示。曰。你但一切入凡入聖入染入淨。入諸佛國土。入彌勒樓閣。入毘盧遮那世界。處處皆現國土成住壞空。佛出於世。轉大法輪。入無餘涅槃。不見有去來相貌。求其生死了不可得。便入無生法界。處處遊履國土。入華藏世界。盡見諸法全眞。皆是實相。（語錄作盡見諸法空相皆無實法此從正法眼藏）惟有聽法無依道人。是諸佛之母。所以佛從無依生。若悟無依。佛亦無得。若如是見得。是眞正見解。學人不了。執為名句。被他凡聖名礙。所以障其道眼。不得分明。只如十二分教。皆是表顯之說。學者不會。便向表顯名句上生解。皆是依倚。落在因果。未免三界生死。你欲得生死去住。自由。卽今識取聽法底人。無形無相。無根無本。無住處。活潑潑地。應是萬般施設。用處只是無處所。（語錄所字下有以字）覓著轉遠。求之轉乖。號爲秘密。道流。你莫認個夢幻伴子。遲晚中間。便歸無常。你向此世界中。覓甚麽物作解脫。覓取一口飯吃。補毳過時。且要訪尋善知識。莫因循逐樂。虛生浪死。光陰可惜。念念無常。粗則被地水火風。細則被生住異滅。四相所逼。無有了期。道流。今時且要識取四種無相境。免被境緣擺撲。問。如何是四種無相境。師曰。你一念心愛被水溺你一念心瞋被火燒你一念心疑被地礙你一念心喜被風飄若能如是辨得不被境轉處處用境東涌西沒南涌北沒中涌邊沒邊涌中沒履水如地履地如水緣何如此爲達四大如夢如幻故道流你只今聽法者不是你四大能用你四大若如是見得便乃去住自由約山僧見處沒嫌底法你若愛聖憎凡被聖凡境縛有一般學人向五臺山求文殊現早錯了也五臺山無文殊你欲識文殊麼只你目前用處始終不異處處不礙此個是活文殊你一念心無差別光處處總是普賢你一念心能自在隨處解脫此是觀音三昧法互爲主伴顯卽一時顯隱卽一時隱一卽三三卽

一如是解得方始好看教

夾山無礙禪師　降魔表

臣聞三乘路廣法界無涯智海晏清十方安泰時有魔軍競起侵撓心田六賊旣強心王驚動朝生百惟暮起千邪撼惑眞如困勞法體菩提道路隔絕不通破壞涅槃傷殘三寶無爲珠玉悉被偷將大藏法財皆遭劫奪塵勞翳日欲火亘天飄蕩法城焚燒聖境臣乃見如斯暴亂恐佛法以難存遂與六波羅蜜商量同爲剪滅遺性空爲密使聽探魔軍見今屯在五蘊山中有八萬四千餘衆旣知體勢計在刹那遂點十八界雄兵並立體空爲號人人有無礙之力箇箇懷勇健之能

直心爲見性之功。一正去百邪之亂。擐堅固甲。執三昧鏘智箭禪弓光明慧劍。向大乘門中訓練。寂滅山內安營。三明嶺上開旗。入正路邊排布。遣大覺性爲捉生之將。游歷四方。搜求妄想之踪。抄截無明之蹟。復使慈悲王。破三毒之寨。忍辱帥。伐嗔怒之城。精進軍。除傲慢之妖。喜捨士。捉慳貪之賊。遂巡而魔軍大起。殺氣衝天。臣乃部領摩訶。一時齊入。當爾之時。眼不觀色。耳不聽聲。鼻不嗅香。舌不了味。身不受觸。意不攀緣。一志向前。念念不退。倏忽而魔軍大敗。六賊全輸。殺戮無邊。掃除蕩盡。生擒妄想。活捉無明。領向涅槃場中。以慧劍斬爲三段。煩惱林當時摧折。人我山化作微塵。癡愛網遭智火焚燒邪見林。被慧風吹竭。因茲三明再朗四智重圓內外無瑕。廓然清淨。心王坐懽喜之殿。眞如登解脫之樓。自性遊無碍之堂三身踞法空之座。從茲法界甯靜。永絕囂塵。共渡生死之河。齊到菩提之岸魔軍既退。合具奏聞。

巖頭全奯禪師 示衆

夫大統綱宗中事。須識句。若不識句。難作個話會甚麼是句。百不思時。喚作正句。亦云居頂。亦云得住。亦云歷歷。亦云惺惺。亦云的的。亦云佛未生時。亦云得地。亦云與麼時。將與麼時。等破一切是非。纔與麼。便不與麼。便轉轆轆地。若也看不過。纔被人刺著眼眊瞪地。恰似殺不死底羊相似。不見古人道沉昏不好。須轉得始得。觸著便轉。纔與麼便不與麼。是句亦剗。非句亦剗。自然轉轆轆自然目前露倮倮地。飽齁齁地。不解卻不解皦。不見道卻物爲上。逐物爲下。瞥起微情早落地上。若是皦猪狗眼𣚍赤。若有人問。如何是禪。向伊道。合取屎孔。著。卻有些子氣息。便知淺深硬糾糾地。汝識取這個狸奴面孔。與麼時。不要故探伊。不要稱量伊。於中有一般漢撞著物不解轉。剌著局漉漉地。遮般底椎殺萬個亦無罪過。若是本色底。撥著便上。皦人火急。卻似剌蝟子相似。未觸著時。自弄毛羽可憐生。纔有人撥著。便嗔斗呫地。有甚麼近處。若也未得與麼蕩蕩地。喚作依句修行。有則便須等破。與麼時。一物不存。信知從來學得一切言句。隘在胸中有甚麼用處。不見道。辟觀辟句。外不放入。內不放出。截斷兩頭。自然光烯烯地。不與一物作對。便是無諍三昧。兄弟若欲得易會。但向根本明取。欲出不出。便須轉一口齩斷。後不用尋伊去住處。遠近但放卻。自然露倮倮地。不用思搭著昏昏地。纔有所重。便成窠臼。古人喚作貼體衣病。最難治。是我向前行腳時。參著一兩處尊宿。只教日夜管帶。坐得骨臀生胝。口裏水漉漉地。初向然燈佛肚裏。黑漆漆地。道我坐禪守取。與麼時。猶有欲在。不見道。無依無欲。便是能仁。古人道。置毒藥安乳中。乃至醍醐亦能殺人。這個不是汝習學得底。這個不是汝去住底。

不是汝色裏底莫錯認門頭戶口賺汝臘月三十日赤閗閗地無益當莫造作捏怪但知著衣吃飯屙矢送尿隨分遣時莫亂統詐稱道者有一片衣不敢將出曬恐人見怕失道者名圖人讚嘆作恁麽不中心行兄弟亦不要信他繩牀上老榾檛屙漉漉地將爲好誑諕人別造地獄著汝在信知古風大好不見道有卽是無無卽是有與麽送出來時便知深淺這個是古格於中有一般漢信彩吐出來有甚麽碎記但知喚作禪道但知喚作一句子軟嫩嫩地眞是無孔鐵椎聚得一萬個有甚麽用處若是有筋骨底不用多諸處行腳也須帶眼始得莫被人謾一見道依法生解猶落魔界夫唱教須

一一從自己胷襟中吐得出來。與人爲榜様。今時還有與麼漢麼。第一切須識取左右句。這個是出頭處。識取去底。識取住底。這個是兩頭句。亦是左右句。亦喚作是非句。纔生便瞎。自然無事。兄弟見與麼說。還會麼。莫終日悶悶地。亦無了期。欲得易會。但知於聲色前不被萬境惑亂。自然露倮倮地。自然無事。送向聲色前蕩蕩地。恰似一團火燄相似。觸著便燒。更有甚麼事。不見道。非是塵不侵。自是我無心。時熱珍重。

溫州瑞鹿寺本先禪師 示衆

大凡參學。未必學問話是參學。未必學揀話是參學。未必學代語是參學。未必學別語是參學。未必學捻破經論中奇特言語是叅學。未必撿破祖師奇特言語是叅學。若於如是等叅學。任你七通八達。於佛法中倘無見處。喚作乾慧之徒。豈不聞古德道。聰明不敵生死。乾慧豈免苦輪。諸人若也叅學。應須眞實叅學始得。行時行時叅取。立時立時叅取。坐時坐時叅取。眠時眠時叅取。語時語時叅取。默時默時叅取。一切作務時。一切作務時叅取。既向如是等時叅。且道叅個甚人叅個甚麽語。到這裏須自有個明白處始得。若不如是。喚作造次之流。則無究了之旨。叅。

○你等諸人。夜間眠熱。不知一切。既不知一切。且問你等那時有本來性。無本來性。若道那時有本來性。又不知一切。與死無異。若道那時無本來性。睡眠忽省。覺知如故。還會麼。不知一切。與死無異。睡眠忽省。覺知如故。如是等時。是個甚麼。若也不會。各體究取。無事莫立。參。

參話頭譬諭　二則

參究用心。當如蜘蛛布網之法。他將腹中一絲。張向墻壁空處。又將六足管着絲綸。其心而又刻刻不離者絲。一有蜻蜓。蝴蝶。蠨蛸。蟣蠓。忽觸其綸。足無不知。心無不覺。卽至觸處。以快其意。為其專一無他。故能其圖得中也。諸人但將四大五蘊。作個蜘蛛網。參話頭底。作個蜘蛛。將見聞知覺。作個蜘蛛足。將乾坤聲色飲食困眠。作個蜻蜓等觸。有何一物不被汝一網打盡耶。參。

○欲尋疑處。大似秀才場後聞報入門。忙忙着襪。卻將兩隻着向一足。又欲覓着。了不可得。其妻謂之曰。尋既不見。不若脫此。別作商量。秀才如命。脫去見襪。大笑。汝等何不向話頭上。用脫襪計。自然下落分明。參。

憨山大師禪宗法要

若論此段大事因緣。雖是人人本具。各各現成。不欠毫髮。爭奈無始劫來。愛根種子。妄想情慮。習染深厚。障蔽玅明。不得眞實受用。一向只在身心世界。妄想影子裏作活計。所以流浪生死。佛祖出世。千言萬語。種種方便。說禪說教。無非隨順機宜。破執之具。無實法與人。所言修者。只是隨順自心。淨除妄想習氣影子。於此用力。故爲之修。若一念妄想頓歇。徹見自心。本來圓滿光明廣大。清淨本然。了無一物。名之曰悟。非除此心之外。別有可修可悟者。以心體如鏡。妄想攀緣影子。乃眞心之塵垢耳。故曰。想相爲塵。識情爲垢。若妄念消融。本體自現。譬如磨鏡。垢淨明現。法爾如此。但吾人積劫習染堅固。我愛根深。難拔。今生幸託本具般若內薰爲因。外藉善知識。引發爲緣。自知本有。發心趣向。志願了脫生死。要把無量劫來。生死根株。一時頓拔。豈是細事。若非大力量人。赤身擔荷。單刀直入者。誠難之難。古人道。如一人與萬人敵。非虛語也。

大約末法修行人多。得眞實受用者少。費力者多。得力者少。此何以故。蓋因不得直捷下手處。只在從前聞見知解言語上。以識情摶量。過捺妄想光影門頭做工夫。先將古人玄言妙語。蘊在胸中。當作實法。把作自己知見。殊不知此中一點用不著。此正謂依他作解。塞自悟門。如今做工夫。先要剗去知解。的的只在一念上。做諦信自心。本來乾乾淨淨。寸絲不掛。圓圓明明。充滿法界。本無身心世界。亦無妄想情慮。卽此一念。本自無生。現前種種境界。都是幻妄不實。唯是眞心中所現影子。如此勘破。就於妄念起滅處。一覷覷定。看他起向何處起。滅向何處滅。如此著力一拶。任他何等妄念。一拶粉碎。當下氷消瓦解。切不可隨他流轉。亦不可相續。永嘉云要斷相續心者此也。蓋虛妄浮心。本無根緒。切不可當作實事。橫在胸中。起時便咄。一咄便消。切不可遏捺。則隨他使作。如水上葫蘆。只要把身心世界。撇向一邊。單單的的提此一念。如橫空寶劍。任他是佛是魔。一齊斬絕。如斬亂絲。赤力力挨拶將去。所謂直心正念眞如。正念者無念也。能觀無念。可謂向佛智矣。修行最初發心。要諦信唯心法門。佛說三界唯心。萬法唯識。多少佛法。只是解說。得此八個字分明。使人人信得及。大段聖凡二途。只是唯自心中。迷悟兩路。一切善惡因果。除此心外。無片事可得。蓋吾人妙性天然。本不屬悟。又何可迷。如今說迷。只是不了自心本無一物。不達身心世界本空。被他障礙。故說爲迷。一向專以妄想生滅心。當以爲眞。故於六塵境緣。種種幻化。認以爲實。如今發心趣向。乃返流向上一着。全要將從前知解。盡情脫去。一點知見巧法用不着。只是將自己現前身心世界。一眼看透。全是自心中所現浮光幻影。如境中像。如水中月。觀一切音聲。如風過樹。觀一切境界。似雲浮空。都是變幻不實的事。不獨從外如此。卽自心妄想情慮。一切愛根種子。習氣煩惱。都是虛浮幻化不實的。如此深觀。凡一念起。決定就要看他個下落。切不可輕易放過。亦不可被他瞞昧。如此做工夫。稍近眞切。除此之外。別扯玄妙知見。巧法來逗湊。全沒交涉。就是說做工夫。也是不得已。譬如用兵。兵者不祥之器。不得已而用之。古人說參禪提話頭。都是不得已。公案雖多。唯獨念佛。審實的話頭。塵勞中極易得力。雖是易得力。不過如敲門瓦子一般。終是要拋卻只是少不得用一番。如今用此做工夫。須要信得極。靠得定。咬得住。決不可猶豫。不得今日如此。明日又如彼。又恐不得悟。又嫌不玄妙。這些思算。都是障礙。先要說破。臨時不生疑慮。至若工夫做得力處。外境不入。唯有心內煩惱無狀橫起。或慾念橫發。或心生煩悶。或起種種障礙。以致心疲力倦。無可奈何。此乃八識中含藏。無量劫來習氣種子。今日被工夫逼急。都現出來。此處最要分曉。先要識得破透得過。決不可被他籠罩。決不可隨他調弄。決不可當作實事。但只抖擻精神。奮發勇猛。提起本參話頭。就在此等念頭起處一直捱迫將去。我這裏元無此事。問渠向何處來。畢竟是甚麼。決定要見個下落。如此一拶將去。只教神鬼皆泣。滅跡潛蹤。務要趕盡殺絕。不留寸絲。如此著力。自然得見好消息。若一念拶得破。則一切妄念一時脫謝。如空花影落。陽燄波澄。過此一番。便得無量輕安。無量自在。此乃初心得力處。不爲玄妙及乎。輕安自在。又不可生歡喜心。若生歡喜心者。則歡喜魔附心。又多一種障矣。至若藏識中。習氣愛根種子堅固深潛話頭用力不得處。觀心照不及處。自己下手不得。須禮佛誦經懺悔。又要密持咒心。仗佛密印以消除之。以諸密咒皆佛之金剛心印。吾人用之。如執金剛寶杵摧碎一切物物遇如微塵。從上佛祖心印秘訣皆不出此。故曰。十方如來持此咒心得成無上正等正覺。然佛則明言。祖師門下。恐落常情。故秘而不言。非不用也。此須日有定課。久久純熟。得力甚多。但不可希求神應耳。凡修行人。有先悟後修者。有先修後悟者。然悟有解證之不同。若依佛祖言教明心者。解悟也。多落知見。於一切境緣。多不得力。以心境角立。不得混融。觸途成滯。多作障礙。此名相似般若。非眞參也。若證悟者。從自己心中樸實做去。逼拶到山窮水盡之處。忽然一念頓歇。徹了自心。如十字街頭見親爺一般。更無可疑。如人飲水。冷煖自知。亦不能吐露向人。此乃眞參實悟。然後卽以悟處融會心境。淨除現業流識。妄想情慮。皆鎔成一味眞心。此證悟也。此之證悟。亦有深淺不同。若從根本上做工夫。打破八識窠臼。頓翻無明窟穴。一超直入。更無別法。此乃上上利根。所證者深。其餘漸修。所證者淺。最怕得少爲足。切忌墮在光影門頭。何者。以八識根本未破。縱有作爲。皆是識神邊事。若以此爲眞。大似認賊爲子。古人云。學道之人不識眞。只爲從前認識神。無量劫來生死本。痴人認作本來人。於此一關最要透過。所言頓悟漸修者。乃先悟已徹。但有習氣未能頓淨。就於一切境緣上。以所悟之理。卽起觀照之力。歷境驗心。融得一分境界。證得一分法身。消得一分妄想。顯得一分本智。是又全在緜密工夫。於境界上做出。更爲得力也。

凡有要學此理者。因未得個入頭處時。覺得千難萬難。皆因多在經教言句中摶量。要說得分曉。纔可下手。殊不知分曉處。卻是不分曉底事。所以古人云。入此門來。莫存知解。今之學道人。皆被知解所障。因無悟入處。如若要明至要之理者。第一莫存知解。若有知解。卽被欲牽。第二用工時。不可厭喧求靜。又不可廢事失業。要照平日隨常作務。第三初下手入門。但見色。聞聲。即叅誰見。誰聞。若指呼作々即叅這誰作主。
若言談應對。即叅講話是誰。若無事閒坐。忽有念起。即叅念
從何起。一日之中。作爲得如許多用處。是個甚物。定要尋個
下落。工夫要如此做。如此叅。又不可急。不可緩。急則轉遲矣。
緩則怠惰矣。工在年久月深。一旦豁然貫通。名之曰悟。悟後
要知守法。凡做工夫時。本無理路可商量。亦無知解可分曉。
古德云。思無所思。名曰眞思。念無所念。名曰眞念。如若學絕
思絕念。便是旁門外道。第四要信得及。若信不及。不得入此
門。所以古人云。若談此理者。千萬人中無一人。因謂信不及。
故無人也。

念佛求生淨土直說。

夫念佛者。當知佛即是心。未審心是何物。須要尋者一念佛心。從何處起。復又要看破者看底人。畢竟是誰。要者裏有箇明白處。其或未然。亦不用別求玄妙。又不可厭喧求靜。但將平日。所學一切知見。掃蕩乾淨。單單提起一句。阿彌陀佛。南無阿彌陀佛。念佛底是誰。參底又是誰。要默默體究。常在胸中。不可間斷。逢靜時也如此。逢鬧時也如此。憑他靜鬧變遷。我者箇念頭。斷然無有移易。如是方無間斷。謂之善念佛也。日久堅持。此念不退。至於用力之久。而一旦豁然大悟。始知念佛求生淨土不謬也。

比丘

大阡　正修

靜菴　玉眞

開慧　子箴

守章　義行

敬刻

同治五年歲次丙寅桂月重刊　板藏杭省昭慶寺慧空經房流通

國家圖書館出版品預行編目資料

佛祖心要節錄／慧空經房選編. -- 初版. -- 新北市：
華夏出版有限公司, 2022.02
面；　公分. -- （Sunny 文庫；181）
ISBN 978-986-0799-32-3（平裝）
1.禪宗　2.佛教說法

226.65　　　110012891

Sunny 文庫 181
佛祖心要節錄

選　編　慧空經房
印　刷　百通科技股份有限公司
　　　　電話：02-86926066　傳真：02-86926016
出　版　華夏出版有限公司
　　　　220 新北市板橋區縣民大道 3 段 93 巷 30 弄 25 號 1 樓
　　　　電話：02-32343788　　傳真：02-22234544
E-mail：　pftwsdom@ms7.hinet.net
總 經 銷　貿騰發賣股份有限公司
　　　　新北市 235 中和區立德街 136 號 6 樓
　　　　電話：02-82275988　　傳真：02-82275989
　　　　網址：www.namode.com
版　次　2022 年 2 月初版一刷
特　價　新台幣 280 元 (缺頁或破損的書，請寄回更換)

ISBN-13：978-986-0799-32-3

《佛祖心要節錄》由佛教出版社同意華夏出版有限公司出版